SOLOS NA GUITARRA
JAZZBLUES

O Guia de Estudo Detalhado

JOSEPH**ALEXANDER**

FUNDAMENTAL**CHANGES**

Solos na Guitarra: Jazz Blues

O Guia de Estudo Detalhado

Publicado por **www.fundamental-changes.com**

ISBN: 978-1911267454

Fundamental Changes Ltd.

www.fundamental-changes.com

Áudio gravado por Pete Sklaroff

Conteúdo

Introdução 4

Capítulo Um - A Estrutura do Jazz Blues 7

Capítulo Dois - Aberturas de Acordes no Jazz Blues 14

Capítulo Três - Solando nos Sete Compassos Iniciais......................18

Capítulo Quatro - Transições Suaves entre Arpejos 24

Capítulo Cinco - Focando Intervalos Específicos.............................28

Capítulo Seis - Usando a Escala Mixolídia Bebop............................32

Capítulo Sete - Notas de Passagem Cromática..................................40

Capítulo Oito - Padrões de Notas de Aproximação Cromática.........46

Capítulo Nove - Adicionando o Acorde bV Diminuta com 7ª...........53

Capítulo Dez - Arpejos Estendidos com 3ª e 9ª 59

Capítulo Onze - Solando Entre os Compassos Oito e Doze 64

Capítulo Doze - Usando a Escala Frígia Dominante Bebop 71

Capítulo Treze - Indo do G7 para Cm7...75

Capítulo Catorze - Usando a Escala Dórica Bebop 79

Capítulo Quinze - Solando em F7..84

Capítulo Dezesseis - Escala Mixolídia Bebop de "F".......................89

Capítulo Dezessete - A Escala Alterada de "F".................................94

Capítulo Dezoito - Praticando Mudanças Rápidas 100

Capítulo Dezenove - Escalas Pentatônicas 106

Capítulo Vinte: Exemplos de Solos de Jazz Blues..........................109

Conclusões, Dicas Práticas e Estudos...111

Introdução

O jazz blues é o estilo mais requisitado na maioria das apresentações. Sua estrutura foi usada para escrever centenas de temas de jazz e, devido à sua natureza híbrida entre o blues de doze compassos e as estruturas mais complexas do jazz, é uma das mais importantes peças do repertório de qualquer estudante de guitarra jazz.

O jazz blues é um blues de doze compassos com algumas mudanças harmônicas. Às vezes essas mudanças podem ser levadas ao extremo (por exemplo, no Blues For Alice, de Charlie Parker), porém em vez de ver essas adições como problemas, os músicos de jazz as veem como novas oportunidades de ser expressivo, encontrar novas melodias e quebrar a monotonia da progressão padrão de 12 compassos.

As mudanças de acordes em um blues jazz permitem afastar-se do vocabulário da pentatônica menor, que é abundante em solos e melodias de blues "tradicional". Isso não quer dizer que a escala pentatônica menor *não* seja usada, muito pelo contrário. No entanto, adicionando novos acordes podemos alcançar arpejos, escalas e um *feeling* diferente do blues de 12 compassos tradicional (I, IV, V).

Curiosamente, algumas das adições harmônicas de jazz mais comuns *voltam* ao repertório do blues de 12 compassos padrão. Você vai começar a notar isso ao desenvolvermos a complexidade da nossa estrutura de jazz de 12 compassos ao longo do livro.

Da mesma forma que nos meus dois livros anteriores sobre solos de jazz ii V I menor e ii V I maior, esse livro divide cada parte da estrutura de acordes e ensina os arpejos, escalas, substituições e abordagens corretas para cada estágio. Podemos começar de forma muito simples, mas desenvolveremos princípios essenciais em formas complexas e articuladas que você pode usar sobre cada acorde.

Esse livro tem um foco muito prático em tocar ideias musicais que foram desenvolvidas naturalmente através da compreensão dos princípios fundamentais do jazz. Este não é simplesmente um livro de teoria, você verá constantemente como cada conceito discutido pode ser usado para criar solos de guitarra significativos e articulados.

Muitas das informações neste livro também são transferíveis para outras músicas de jazz e outros gêneros musicais. Muitas das linhas que criamos funcionarão sobre um blues tradicional de 12 compassos, por isso você vai aprender algumas linhas excelentes para usar quando estiver tocando com seus amigos.

O foco está em uma transformação significativa de princípios essenciais "teóricos" em solos de guitarra jazz sobre a forma do blues.

Embora não seja essencial, eu recomendo que você dê uma olhada no meu livro **"Fundamental Changes in Jazz Guitar"**, já que ele prepara o terreno para muitas das abordagens de solos em *qualquer* jazz.

O livro também entra detalhes mais profundos sobre a progressão de acordes *ii V I maior*, que eu tenho espaço para incluir aqui. Um quarto do jazz blues é formado pela sequência do ii V i maior, por isso um bom entendimento das possibilidades de solos será uma vantagem ao praticar com este livro.

Geralmente, eu evito falar sobre a pentatônica menor, supondo que você já tenha um bom entendimento da sua aplicação em um blues "normal". Isso não é o mesmo que *não* usar a escala pentatônica menor. Aprender a tocar o blues a partir de uma perspectiva de jazz permitirá aumentar significativamente sua musicalidade. Você vai naturalmente se encontrar adicionando ideias em escalas pentatônica menores e de blues, por isso tente não se prender a essas ideias na sua prática neste momento.

É importante internalizar cada conceito e o vocabulário associado a ele lentamente e ter certeza que você está tocando notas fortes nos tempos fortes. Através da construção dessa base sólida, você irá desenvolver continuamente seus ouvidos para que possa começar a transgredir as "regras", mais tarde, quando solar. Você começará a ouvir as melodias que deseja tocar, em vez de se prender naquilo que a teoria te permite tocar.

Embora uma grande parte deste livro seja para ensinar as escalas e arpejos apropriados, tente ver tudo neste livro como treinamento de ouvido.

A verdade é que realmente não existe certo e errado na música. Se soar bem, está tudo certo. O ponto deste livro é lhe dar acesso a novos sons.

Divirta-se,

Joseph

O Capítulo Um neste livro lida com a construção e a teoria por trás da progressão de acordes de jazz blues. Embora, provavelmente, você vá achar interessante, é um pouco de "teoria intensiva". Se você sabe como e por que um jazz blues é formado ou simplesmente se quiser ir logo para os solos, sinta-se livre para pular o capítulo um!

Todos os exemplos em áudio deste livro estão disponíveis para download gratuito em

www.fundamental-changes.com/audio-downloads

Não se esqueça: Clique duas vezes na imagem para ampliá-la em seu Kindle.

Obtenha o Áudio

Os arquivos de áudio desse livro estão disponíveis para download gratuito em **www.fundamental-changes.com** e o link está no canto superior direito. Apenas selecione o título do livro no menu e siga as instruções para baixar os áudios.

Nós recomendamos que você baixe os áudios diretamente para seu computador em vez do seu tablet, e transfira-os para lá depois de adicioná-los à sua galeria de mídia. Então, você pode colocá-los no seu tablet, iPod ou gravá-los em um CD. Na página de download há um PDF para ajudá-lo e nós também oferecemos suporte técnico através do formulário de contato.

Kindle / eReaders

Para aproveitar ao máximo esse livro, lembre-se de que você pode clicar em qualquer imagem para ampliá-la. Desligue o bloqueio de "rotação de tela" e segure seu kindle em formato paisagem.

Todos os exercícios rítmicos e melódicos neste livro estão disponíveis gratuitamente, assim você pode imprimi-los e visualizá-los mais facilmente.

Esses exercícios estão disponíveis gratuitamente em PDF **www.fundamental-changes.com/sightreadingpdf**, você pode imprimi-los e colocá-los em sua estante de partitura.

Para Mais de 350 Aulas de Guitarra Com Vídeos Grátis, Acesse:

www.fundamental-changes.com

FB: **FundamentalChangesInGuitar**

Instagram: **FundamentalChangesIntroduction**

Capítulo Um - A Estrutura do Jazz Blues

Vamos começar vendo como os músicos de jazz desenvolveram o blues de 12 compassos "padrão" em uma estrutura mais complexa e rica, usando uma simples convenção de jazz.

Para referência, aqui está o tradicional blues de 12 compassos, no estilo de B.B. King ou Howlin' Wolf:

Exemplo 1a:

A análise em numerais romanos dos acordes está escrita abaixo da pauta. Acorde um = I; Acorde quatro = IV etc.

No jazz, é prática comum preceder qualquer acorde por outro que esteja a uma quinta justa de distância. Esse acorde pode ter *qualquer* qualidade (7, maj7 min7 etc.), mas será *normalmente* um dominante com sétima.

Parece complicado no papel, então vamos dar uma olhada em um exemplo simples na tonalidade de Bb.

Aqui está uma sequência de acordes muito simples:

Exemplo 1b:

Em se tratando de acordes de jazz, nada será mais simples que isso.

Vamos aplicar essa ideia e preceder o Bb7 pelo acorde que está a uma quinta justa de distância. Esse acorde é chamado de "acorde dominante".

Conte na escala: Bb, C, D, Eb, *F.*

O acorde que está uma quinta justa acima de Bb7 é F. Por enquanto, vamos tocá-lo como um acorde com dominante com 7ª.

Adicionando-o na progressão de acordes, temos esta sequência:

Exemplo 1c:

Podemos repetir o processo e agora adicionar o acorde que está uma quinta acima de "F": "C". Dessa vez vamos tocá-lo como um acorde menor com 7ª (embora não haja razão para não tocá-lo como um acorde dominante).

Exemplo 1d:

Enfim, criamos a sequência de acordes mais comuns no jazz: o ii V I maior. O Cm7 é o acorde ii do Bb e F é o acorde V do Bb.

Vamos um passo além e adicionaremos o acorde dominante de Cm7. O acorde dominante de Cm7 é G. Você pode contar C, D, Eb, F e **G**. Mais uma vez, tocaremos esse acorde como um acorde menor com 7ª.

Adicionando o Gm7, nossa progressão de acordes agora tem esta aparência:

Exemplo 1e:

Essa sequência de acordes é muitas vezes chamada de progressão I VI II V. É outra progressão extremamente comum no jazz.

O Bb7 é o acorde I, o Gm7 é o acorde VI, o Cm7 é o acorde ii e o F7 é o acorde V.

A razão pela qual eu escolhi essas qualidades de acordes específicas é porque elas são geradas *naturalmente* quando você harmoniza a escala maior de Bb.

Se você precisar de um resumo sobre isso, eu sugiro que você leia o meu livro **O Guia Prático de Teoria Musical Moderna para Guitarristas**.

Por enquanto, no entanto, nós vamos recapitular rapidamente os acordes formados quando harmonizamos qualquer escala maior.

Acorde I - Maior 7

Acorde II - Menor 7

Acorde III - Menor 7

Acorde IV - Maior 7

Acorde V - Dominante 7 (7)

Acorde VI - Menor 7

Acorde VII - Menor 7b5

Você vai notar que o acorde "I" é sempre maior com 7ª, o acorde VI é sempre m7, o acorde II é sempre m7 e o acorde V é sempre com 7ª.

Esse conceito corresponde às qualidades de acordes no exemplo anterior.

No entanto, no blues, raramente ouviremos um acorde com 7ª maior como o acorde tônica do centro tonal. Isso ocorre porque o blues simplesmente não tem o acorde maior com 7ª. Como sabemos por experiência e tradição, a maioria das músicas de blues são baseadas em um dominante com 7ª ou menor, em vez de um acorde maior com 7ª.

No jazz, é completamente aceitável alterar a *qualidade* de qualquer acorde (embora você deva discutir isso com o resto da banda primeiro!). Vamos mudar a qualidade dos acordes I e VI para dominante com 7ª.

Nossa nova progressão de acordes é a seguinte:

Exemplo 1F:

Essa nova progressão tem um sotaque muito maior de jazz e blues do que o exemplo 1e.

Não é apenas uma progressão mais blues, mas o fato de que nós estamos usando acordes dominantes com 7ª gera uma gama muito maior de opções de solos, como veremos em capítulos posteriores.

Quando comparamos o estilo "B.B. King" – o blues de 12 compassos – com um jazz blues, vemos como as informações nas páginas anteriores tornam-se relevantes.

Blues de 12 compassos padrão: (Exemplo 1a repetido anteriormente)

Jazz Blues de 12 compassos: *(Exemplo 1g):*

Foque-se no Bb7 no compasso 11 do exemplo *superior* (blues padrão). Treine *ao contrário* a partir do Bb7 e coloque antes de cada acorde uma posição dominante, como fizemos nas páginas anteriores. Agora você pode ver como surgiram os acordes extras no jazz blues.

A parte de quatro compassos, entre os compassos 7 e 10, é conhecida como "turnaround lento", já que cada acorde dura por um compasso.

Você pode ver que a mesma sequência de acordes ocorre nos dois compassos finais do jazz blues. Isso é chamado de "turnaround rápido" porque os mesmos acordes são espremidos em apenas dois compassos.

Embora o turnaround rápido aconteça em um período mais curto de tempo, o método pelo qual ele foi criado é idêntico ao turnaround lento, indo em direção ao compasso um.

Há muitas outras adições e alterações que podemos inserir no jazz blues e analisaremos isso em detalhes em capítulos posteriores. Por enquanto, tenha certeza de que entendeu que:

1) Qualquer acorde pode ser precedido por um acorde que esteja a uma quinta justa de distância. O acorde novo normalmente é um acorde dominante com 7ª ou menor com 7ª.

2) Ciclos de acordes dominantes podem ser construídos dessa forma. Isso é chamado de ciclo de quintas e é um dispositivo extremamente comum no jazz.

3) É aceitável mudar a *qualidade* de qualquer um desses acordes. É mais comum alterar a qualidade dos acordes para se tornarem um acorde dominante com 7ª. Alterar a qualidade do acorde nos dá novas opções para melodias e solos.

4) O turnaround em um jazz blues I VI II V é criado através da construção de um ciclo de quintas para trás a partir do acorde tônica (nos exemplos acima o acorde tônica é Bb7).

5) O turnaround ocorre em dois lugares. O turnaround lento ocorre entre os compassos sete e dez e o turnaround rápido ocorre entre os compassos onze e doze.

Todos os exemplos em áudio deste livro estão disponíveis para download gratuito em:

www.fundamental-changes.com/audio-downloads

Capítulo Dois - Aberturas de Acordes no Jazz Blues

Neste capítulo, vamos aprender algumas aberturas de acordes usuais para podermos tocar um jazz blues em Bb de várias maneiras.

O primeiro método é usar acordes com *aberturas de piano,* com as tônicas na sexta e quinta cordas. Essas aberturas "grandes" são apropriadas quando acompanhamos um vocalista ou outro instrumento de melodia em um duo. Aqui estão algumas aberturas básicas que você deve saber.

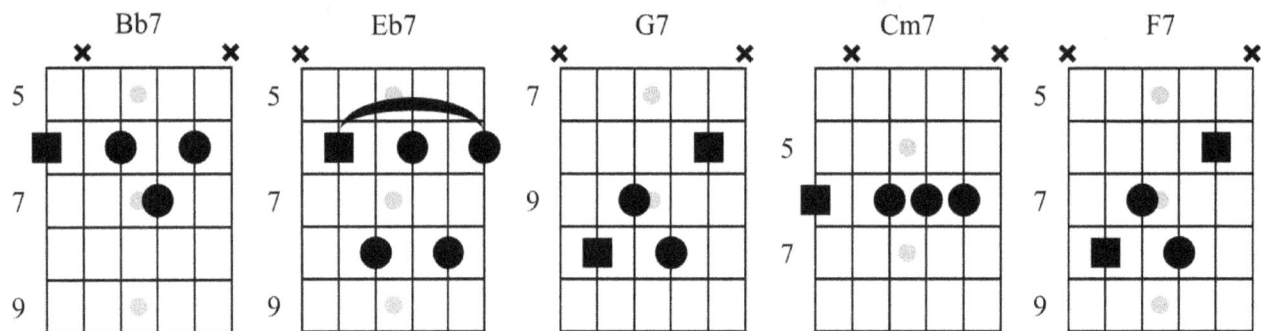

Tente tocar o diagrama de acordes de blues jazz usando essas aberturas, como no *exemplo 2a:*

Em seguida, podemos usar aberturas similares, mas dessa vez, usaremos algumas extensões e alterações sobre os acordes dominantes para adicionar um pouco mais de jazz na sensação da harmonia.

A abordagem a seguir é demonstrada no exemplo 2b:

Finalmente, vamos olhar para alguns acordes "drop 2" que são tocados apenas nas quatro cordas mais agudas. Essas aberturas são ótimas de usar com uma banda maior. Elas dão ao baixista e ao pianista muito mais espaço para respirarem e ajudam a evitar que a parte harmônica fique muito densa. Eu combinei alguns acordes básicos de "7ª" com alguns acordes estendidos e alterados para aumentar a variação e colorido.

Você pode ouvir os formatos "drop 2" demonstrados no exemplo *2c:*

Aqui estão as formas de acordes necessárias para tocar essas progressões nas quatro cordas agudas:

Bb9 Eb9 Bb7 Bb7#5b9 Eb7b9

G7b9#5 Cm9 F7b9#5 G7b9 Cm7

F7b9

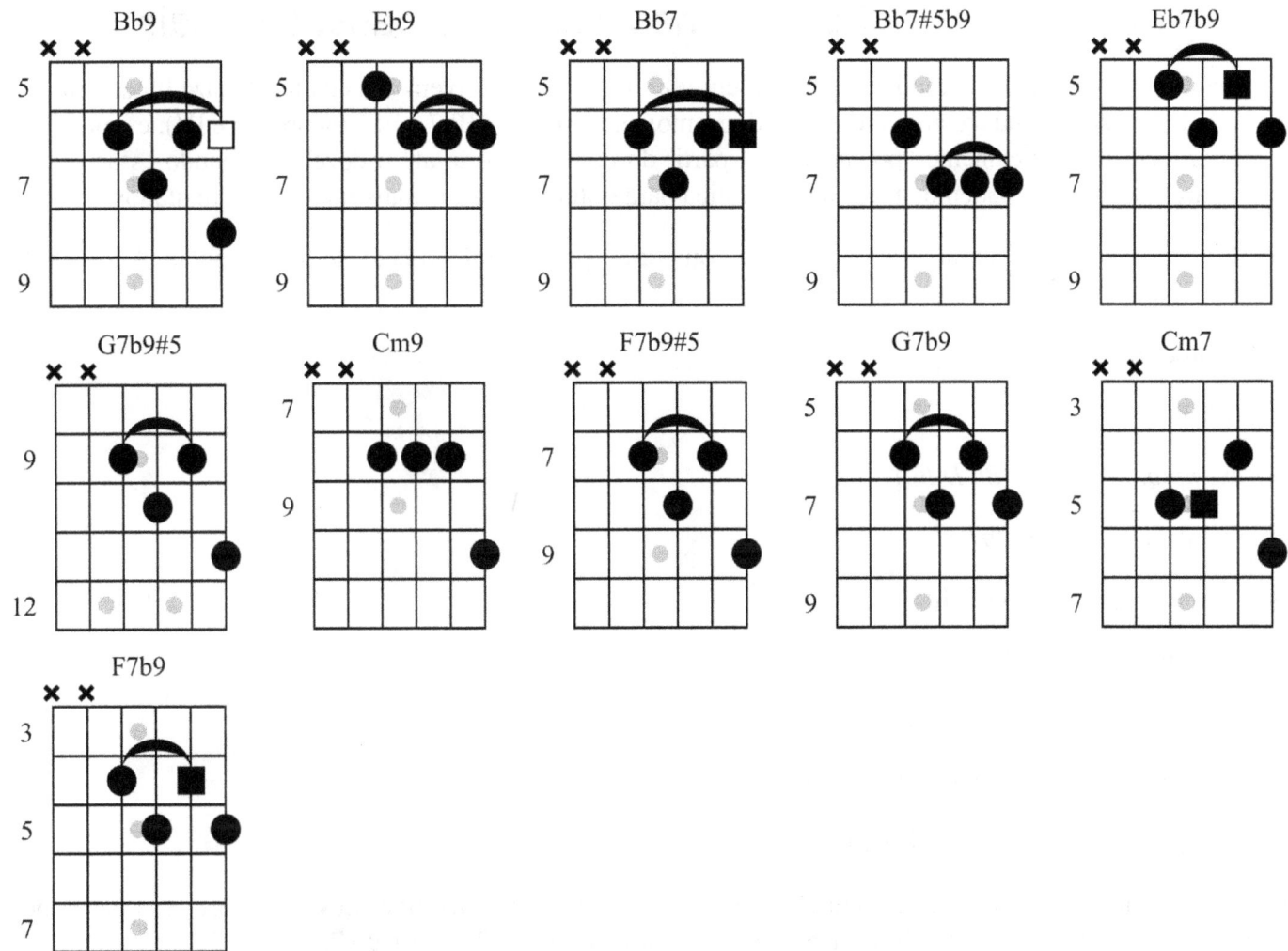

Embora essas sugestões ofereçam uma boa base para tocar as progressões de jazz blues, elas realmente não chegam perto de cobrir as muitas possibilidades e opções disponíveis para estudo. Isso iria requerer outro livro.

Minha intenção em oferecer esses diagramas de acordes é permitir que você ouça, de um ponto de vista harmônico, como o jazz blues funciona estruturalmente. Eu não dei qualquer informação rítmica específica nos diagramas, tente ouvir como os arquivos de áudio foram tocados.

Capítulo Três - Solando nos Sete Compassos Iniciais

A maneira mais simples de aprender a solar em um jazz blues é dividi-lo em duas partes. O jazz blues consiste em sete compassos iniciais relativamente estáticos, movendo-se entre Bb7 e Eb7 (acordes I e IV), e uma seção de turnaround harmonicamente "preenchida" a partir do compasso oito até o doze. Abordando essas seções como partes separadas, podemos focar nossa prática para obter resultados mais rápidos e articulados.

Como você deve saber, um acorde com "7ª" é construído pelo empilhamento de quatro notas. A tônica do acorde, a 3ª, a 5ª e a 7ª.

As fórmulas dos acordes são

Maj7: 1 3 5 7

Por exemplo, BbMaj7 = Bb D F A

Dominante com 7ª: 1 3 5 b7

Por exemplo, Bb7 = Bb D F Ab

Menor com 7ª: 1 b3 5 b7

Por exemplo, Bbm7 = Bb Db F Ab

Há também o acorde menor 7b5. Sua fórmula é 1 b3 b5 b7.

Por exemplo, Bbm7b5 = Bb Db Fb Ab.

Não é minha intenção focar demais em teoria neste livro, então se você tiver dúvidas sobre essa parte, por favor, confira **"O Guia Prático de Teoria Musical Moderna para Guitarristas"**.

Quando tocamos as notas simultaneamente, temos um acorde. Quando tocamos as notas uma após a outra, temos um arpejo.

Se tocarmos um arpejo de Bb7 sobre um acorde Bb7, ele sempre soará bem porque estamos simplesmente tocando as notas contidas no acorde.

Tocar arpejos apropriados sobre acordes específicos é um dos mais importantes elementos dos solos no jazz.

Vamos começar aprendendo as notas do arpejo de Bb7.

*Os números no diagrama de arpejo abaixo mostram os intervalos do acorde.

R = Tônica

^ 3 = 3ª maior

b3 = 3ª menor

p5 = 5ª justa (natural)

b7 = b7 (pronuncia-se "bemol sete")

Exemplo 3a:

Bb7 Arpeggio

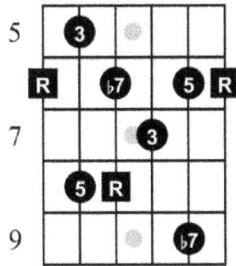

Bb7 Arpeggio

Aprenda a tocar esse arpejo ascendente e descendentemente. Sempre pratique um arpejo novo com um metrônomo em 40 bpm. Toque uma nota por tempo no início e gradualmente aumente o metrônomo até 120 bpm.

Quando você conseguir tocar esse arpejo em 80 bpm, volte até a *metade* da velocidade do metrônomo (40 bpm) e toque duas notas por tempo (colcheia). Você pode gradualmente aumentar a velocidade do metrônomo mais uma vez. 120 bpm é um bom objetivo, mas lembre-se que este livro não é sobre técnica ou velocidade. Por enquanto, sua única meta é ter certeza de que o arpejo foi memorizado.

Agora podemos dar uma olhada no arpejo de Eb7:

Exemplo 3b:

Eb7 Arpeggio

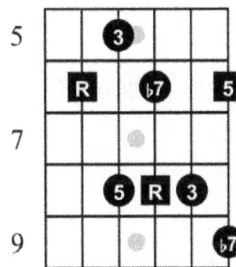

Eb7 Arpeggio

Repita o processo para aprender o Eb7. Não vá para a próxima parte deste capítulo até que você consiga tocar ambos os arpejos de memória, para frente e para trás.

Os exercícios a seguir ajudarão você dominar a transição comum e importante entre Bb7 e Eb7, usando arpejos. Essa mudança ocorre em muitos padrões de jazz, não apenas no jazz blues.

Comece tocando cinco notas em cada arpejo e, em seguida, repouse por um compasso. Sempre comece na tônica mais grave de cada acorde. Deve soar como no exemplo *3c:*

A sequência de acordes em repetição, a seguir, está incluída na *faixa de fundo um*:

Agora inverta o padrão para começar na tônica mais aguda do arpejo. Isso é demonstrado no *exemplo 3d.*

Exemplo 3d:

Depois, em vez de começar na tônica de cada arpejo, vamos repetir o processo ascendente e descendente a partir da *3ª* de cada arpejo (é a segunda nota em cada arpejo).

Você pode ver e ouvir isso nos exemplos 3f e 3e:

Exemplo 3e:

Exemplo 3f:

Agora pratique a subida e descida a partir das quintas de cada arpejo:

Exemplo 3g:

(Só a figura ascendente é mostrada devido a limitações de espaço)

Finalmente, suba e desça a partir do b7 de cada arpejo.

Exemplo 3h:

A próxima etapa é aprender a unir os dois arpejos como você faria solando. Para fazer isso, vamos começar reduzindo a duração do tempo em cada acorde para um compasso.

A faixa de fundo dois segue a progressão de acordes a seguir:

Já que temos menos tempo em cada acorde, isso significa que precisamos pensar mais rápido e, portanto, podemos internalizar o som e a forma de cada arpejo muito mais profundamente do que antes.

Vamos tocar quatro notas do arpejo em cada escala como fizemos anteriormente, no entanto, dessa vez, não haverá descanso e devemos saltar imediatamente para a nota correta do arpejo do acorde seguinte.

Se isso for muito complicado para começar, tente apenas tocar três notas e descansar no tempo quatro, mas tente treinar até tocar quatro notas por compasso.

Neste exercício, a subida a partir da tônica é mostrada no exemplo 3i.

Exemplo 3i:

Pratique esse exercício começando na tônica, 3ª, 5ª e b7 de cada acorde. Pratique cada um subindo e descendo. Essa é uma etapa muito importante, não perca essa oportunidade. Eu não incluí a notação por razões de espaço, mas as informações dos exercícios 3c até 3h devem ajudá-lo se você tiver problemas.

Também fique atento de que pode haver oportunidades para tocar cada intervalo em oitavas diferentes. Por exemplo, o exercício anterior também poderia ser tocado uma oitava acima:

Exemplo 3j:

Se você ficar sem notas disponíveis nesta posição, simplesmente duplique em vez de ir para uma nova posição.

Esses exercícios são extremamente importantes na construção de sua confiança com as formas de arpejo e também na sua capacidade de reproduzir qualquer intervalo específico que escolher. Você vai ver a razão disso ser importante no capítulo cinco.

Quando você tiver ganhado confiança para mudar instantaneamente entre arpejos durante as mudanças de acordes, é hora de "ligar os pontos" para criar uma transição suave entre os arpejos. Essa é a base sobre a qual são construídos todos os solos de guitarra no jazz.

Capítulo Quatro - Transições Suaves entre Arpejos

Nós continuaremos a desenvolver sua fluência melódica e percepção auditiva, focando em passar suavemente entre os arpejos de Bb7 e Eb7 em áreas muito pequenas do braço.

Nesta seção, em vez de saltar de um intervalo específico para outro em cada arpejo, nós vamos mudar para *a nota mais próxima* no arpejo novo, quando o acorde mudar. Ao aprender a destacar esses movimentos harmônicos, desenvolvemos nossa capacidade de mudar de acordes *articuladamente*. Dessa forma, podemos optar por deixar nossas melodias e solos espelharem a harmonia fornecida pela base. Essa articulação é uma das características mais marcantes do jazz.

Vamos começar por olhar para as transições que são possíveis no deslocamento do arpejo de Bb7 para o arpejo de Eb7, mas vamos nos concentrar *apenas* nas duas cordas de cima.

Estude os diagramas a seguir:

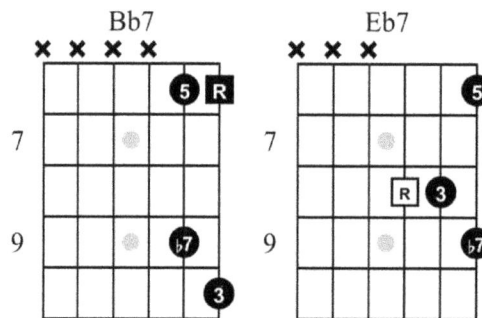

Em ambos os diagramas, a nota Bb permanece a mesma (é a tônica do arpejo de Bb7 e a 5ª do arpejo de Eb7).

No entanto, é fácil ver que, na segunda corda, a b7 de Bb7 (Ab) cai um semitom para se tornar a 3ª de Eb7 (G).

Enquanto tocava o arpejo de Bb7 anteriormente, você pode ainda não ter tocado a 3ª que se encontra na primeira corda, no décimo traste, no entanto, agora é uma boa hora de percebê-la.

É possível ver que a 3ª de Bb7 (D) cai um semitom para se tornar o b7 do arpejo de Eb7 (Db).

Ambos os movimentos descritos anteriormente são *extremamente* fortes melodicamente e essenciais de serem dominados a fim de articular as mudanças de acordes no blues, ou mesmo em *qualquer* padrão de jazz.

Usando a faixa de fundo dois (um compasso por acorde), você vai tocar quatro notas por compasso e, durante as mudanças de acordes, você vai *almejar* a nota mais próxima no arpejo seguinte.

O exemplo a seguir é um bom começo. Lembre-se, você só pode tocar as duas cordas superiores da guitarra (por enquanto!).

Exemplo 4a:

Exemplo 4b:

Os dois últimos exemplos apenas demonstram esse exercício por um período de quatro compassos, no entanto, você deve se manter tocando os arpejos e ligando as formas pelo máximo de tempo que puder. Eu acredito que você rapidamente vai começar a achar esses exercícios repetitivos. Isso é uma coisa boa. Você está começando a memorizar os pontos onde pode alterar articuladamente entre esses dois acordes.

Esses exercícios são essenciais porque eles fornecem a base para *tudo* que você vai aprender sobre solos de jazz. Eles também estão treinando seus ouvidos, sua fluência no braço e sua memória muscular para que quando estivermos lidando com conceitos mais complexos, como notas de aproximação cromática ou alteradas e escalas, você sempre consiga resolver qualquer ideia melódica em uma nota forte de qualquer acorde.

Quando tiver esgotado todas as possibilidades com esse grupo de duas cordas, siga em frente e repita o exercício com os arpejos nas cordas dois e três.

Comece observando as mudanças que acontecem no papel, a seguir, tente focar essas mudanças ao tocar. Há muitas oportunidades para ligar os arpejos na terceira corda.

Aqui estão os diagramas dos arpejos para você começar.

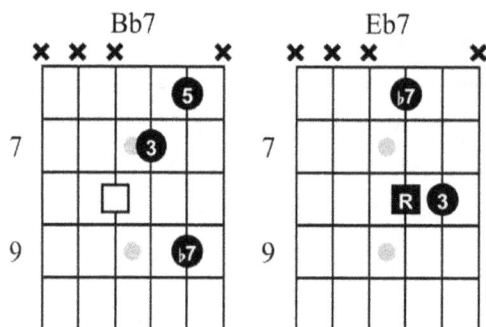

Bb7   Eb7

Gradualmente, mova-se através do braço com o grupo de duas cordas até chegar a quinta e sexta cordas. As notas do arpejo de Eb7 não foram incluídas no diagrama anterior, então aqui está um diagrama dos arpejos completos para ambos os acordes.

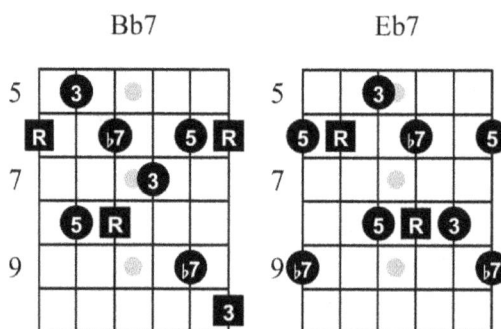

Bb7   Eb7

Quando você tiver praticado esse exercício em grupos de duas cordas, pode treinar com grupos de três cordas. Continue a tocar quatro notas por compasso, mas dessa vez permita-se trabalhar com arpejos em três cordas. Se você tiver praticado exaustivamente as ideias nos exemplos anteriores, trabalhar com três cordas não será muito difícil. A qualquer momento, sinta-se livre para voltar a trabalhar com grupos de duas cordas se você tiver qualquer lacuna no seu conhecimento.

Aqui estão as formas dos arpejos isolados nas três primeiras cordas, seguidos por algumas possíveis "rotas" para ajudá-lo a começar.

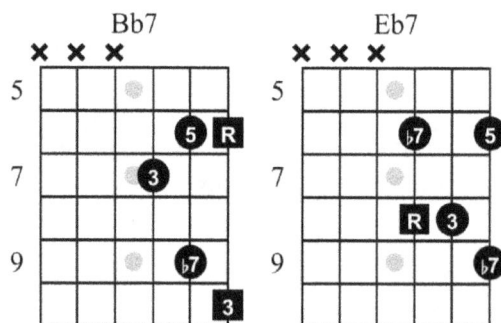

Bb7   Eb7

Exemplo 4c:

Exemplo 4d:

A próxima etapa é começar a trabalhar com grupos de quatro e cinco cordas, antes de começar a ligar os arpejos em todas as seis cordas.

Fique atento ao praticar. Se você notar qualquer área do braço que esteja evitando, volte a focar apenas em grupos de duas ou três cordas até ficar confiante naquela área. Não se esqueça de isolar as cordas graves da guitarra também.

Capítulo Cinco - Focando Intervalos Específicos

Agora que vimos o braço da guitarra em termos de ligação de "shapes" ao solarmos, é importante aprender a ver o braço em termos de *intervalos* reais que você está tocando em um determinado momento. Isso ajudará enormemente para focar as notas do arpejo mais tarde, quando virmos ideias mais complexas como padrões de notas de aproximação cromática e escolhas de escalas, nos capítulos seis e sete.

A ideia é focar intervalos específicos de cada acorde e ver como eles se movem ao mudarmos de acordes.

Os próximos exercícios são vitais para dominar o braço.

Vamos começar *apenas* tocando a tônica de cada arpejo sobre as mudanças de acordes. Seja paciente, mesmo que pareçam simples, os exercícios a seguir ajudarão você a dominar o braço rapidamente.

Exercício um - tocar apenas a tônica de cada acorde. *Exemplo 5a:*

Observe que nesta posição, há mais de uma tônica em cada forma. Continue tocando sobre a faixa de fundo dois até que você esteja confiante de que consegue encontrar a tônica de cada arpejo em qualquer oitava.

Dessa vez, isolaremos a 3ª de cada arpejo. Isso é mais difícil do que tocar apenas a tônica e ajudará a aumentar a sua visão e capacidade auditiva ao solar.

Exercício 2 - tocar apenas a 3ª de cada arpejo. *Exemplo 5b:*

Mais uma vez, há terças em oitavas diferentes, e nem todas estão inclusas no exemplo anterior.

Repita esse exercício para as quintas e b7 de cada arpejo. Use os diagramas no capítulo três para ajudá-lo.

Agora vamos fazer algo um pouco diferente. Vamos tocar a 3ª do acorde de Bb7 em qualquer oitava e depois mudar para *a nota mais próxima* do arpejo de Eb7.

Começaremos na terça de Bb7 (porque a tônica (Bb) torna-se a 5ª do acorde de Eb7 (também Bb)). Estamos interessados em encontrar movimentos específicos e direcionados entre os arpejos Bb7 e Eb7.

Começando na 3ª do arpejo de Bb7, podemos também resolver no b7 do arpejo de Eb7 ou até na tônica do arpejo de Eb7. Ambas as opções são mostradas no exemplo *5c:*

3rd	b7th	3rd	Root
Bb7	Eb7	Bb7	Eb7

TAB: 7 | 6 | 7 | 8

No jazz, o movimento a partir da 3ª de um acorde até a 7ª de outro é uma das possíveis resoluções mais fortes. Embora a 3ª de Bb7 (D) *possa* subir para a tônica do Eb (Eb), eu recomendo que você passe algum tempo aprendendo a ouvir a resolução da 3ª para o b7. Isso é chamado de movimento «nota guia».

Repita o exercício anterior nas 5ª e b7 do acorde de Bb7. Você vai notar que a 5ª de Bb pode ou subir um tom para se tornar a 3ª de Eb ou descer para tornar-se a tônica.

O movimento realmente importante de conhecer é o movimento do b7 do Bb *caindo um semitom para se tornar a 3ª do acorde de Eb.* Esse movimento é mostrado em duas oitavas no *exemplo 5d:*

b7th	3rd	b7th	3rd
Bb7	Eb7	Bb7	Eb7

TAB: 6 | 5 | 9 | 8

Parece que estamos gastando muito tempo nessa preparação, antes de realmente solarmos, no entanto, rapidamente você vai ouvir o benefício desse treino de fundamentos refletido nas suas linhas de jazz.

Ouvimos como esse movimento de *nota guia* é forte entre as 3ª e 7ª dos acordes. Vamos combiná-las para fazer um solo muito simples que articula as mudanças de acordes. Usando apenas a 3ª e b7 de cada acorde, combine-as em todas as oitavas, lembrando-se de sempre se mover um semitom entre as mudanças de acordes.

Aqui está uma maneira de solar usando notas guia sobre as mudanças:

Exemplo 5e:

Observe como eu inicio de forma simples, com apenas duas notas por compasso, e gradualmente vou para ritmos um pouco mais complexos. Sinta-se livre para se mover em colcheias quando tiver confiança, mas não perca de vista o ponto fundamental deste importante exercício: ouvir os movimentos de notas guia e reproduzi-los com precisão sobre as mudanças de acordes.

Você pode verificar se está fazendo este exercício corretamente, tocando *sem* uma faixa de apoio. Se você estiver mudando entre acordes no lugar certo e tocando uma 3ª ou b7 sobre a mudança, você será capaz de "ouvir" os acordes mudando na sua cabeça enquanto estiver solando. A capacidade de insinuar a mudança de acordes através da mudança de notas é outro elemento fundamental para tocar solos interessantes de jazz na guitarra.

Para se divertir, tente tocar um solo em torno da pentatônica menor de Bb, mas adicione os movimentos de notas guia dos exemplos anteriores para articular as mudanças de acordes. Você vai descobrir que, combinando a pentatônica menor e a escala blues com esses conceitos pode ir longe tocando solos de jazz fortes. Por enquanto, evite os bends e vibratos e invista nas semínimas e colcheias.

Aqui está o diagrama da escala blues Menor de Bb e alguns exemplos de licks que combinam a escala de blues com notas guia e arpejos.

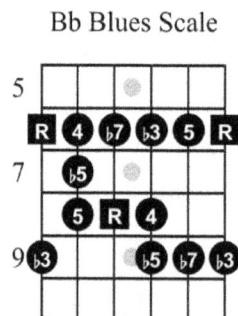

Bb Blues Scale

Exemplo 5f:

Exemplo 5g:

Como você pode ver, vale a pena gastar tempo aqui criando maneiras de percorrer a mudança entre I - IV, usando apenas a escala de blues menor e os arpejos para focar nas notas guia. Há, no entanto, outras escalas e abordagens que podemos usar para parecer mais "jazzy". No próximo capítulo, vamos estudar a escala Mixolídia "Bebop" e aprender como combiná-la com ideias de arpejos para criar um som de jazz tradicional.

Capítulo Seis - Usando a Escala Mixolídia Bebop

A escala Mixolídia Bebop (ou apenas, escala "Bebop"), é a escolha de escala mais importante e comumente usada para solos sobre um acorde *estático dominante 7*. Um acorde dominante 7 "estático" é aquele que pode ser reproduzido indefinidamente e não precisa se resolver no acorde I. O oposto de um acorde dominante estático é um dominante *funcional*, que normalmente será parte de uma progressão ii V I e que quer se resolver em outro acorde. Um acorde dominante funcional é um ponto de tensão em uma progressão de acordes. Esse conceito será discutido no capítulo onze.

Os acordes I e IV da progressão jazz blues (Bb7 e Eb7) são normalmente tratados como dominantes *estáticos*.

O mixolídio é o quinto modo da escala maior e tem a fórmula de escala **1** 2 **3** 4 **5** 6 **b7**

Como você pode ver, ele contém todas as notas do arpejo dominante 7 (1, 3, 5 e b7) e mais algumas outras notas. Geralmente, todas essas outras notas soam muito bem em um blues.

Uma breve nota sobre teoria: Os graus da escala 2, 4 e 6, quando tocados em conjunto com um acorde com sétima, normalmente recebem os nomes de 9, 11 e 13. Isso porque eles são referidos pelo intervalo que formam entre a tônica e a *oitava superior*. Para esclarecer, olhe para a fórmula de escala a seguir:

1 *2* **3** *4* **5** *6* **b7** **(8/1)** *9* **3** *11* **5** *13* **b7**

Na oitava superior, os tons de acordes mantém os mesmos nomes (1, 3, 5, b7) e as extensões são nomeadas 9, 11 e 13.

Na escala mixolídia de Bb, temos: Bb, C, D, Eb, F, G e Ab. As notas do arpejos, são: Bb, D, F e Ab. A nota "C" é a 9ª, o "Eb" é a 11ª e o "G" é a 13ª.

Há, no entanto, um pequeno problema com o modo Mixolídio. Os músicos de jazz gostam de fazer principalmente duas coisas:

1) Tocar em colcheias

2) Normalmente, manter as notas do arpejo no tempo

Estude *o exemplo 6a*:

Preste atenção nos intervalos que ficam sobre o tempo nas oitavas inferiores e superiores. As notas do arpejo estão entre parênteses e, no primeiro compasso, você pode ver que tudo funciona bem; as notas do arpejo caem muito bem sobre o tempo *até voltarmos para a tônica*. A nota tônica cai sobre o contratempo do tempo quatro. Isso significa que na oitava superior, todas as notas "erradas" estão caindo sobre os tempos, ou seja, 9ª, 11ª e 13ª agora caem sobre os tempos e as notas do arpejo caem entre os tempos. Isso ocorre porque a escala tem sete notas.

O mau posicionamento das notas do arpejo dessa forma torna os solos de jazz na guitarra fracos e desarticulados.

Os músicos de jazz resolvem isso através da inserção de uma nota de *passagem cromática* entre a b7 e a tônica (é a falta de uma nota entre o b7 e a tônica que prejudica o padrão, como você pode ver acima).

Adicionando essa *7ª natural* entre a b7 e a tônica, podemos criar uma escala de oito notas que sempre vai funcionar bem quando tocamos em colcheias ou semicolcheias. Isso é mostrado no exemplo 6b:

Como você pode ver através da inserção de uma *nota de passagem cromática* entre a b7 e a tônica no final do compasso, as notas fortes do arpejo permanecem no tempo durante o compasso dois.

Além do mais, quando você solar usando a escala bebop em colcheias, contanto que você comece sua linha com uma nota do arpejo sobre um tempo forte no compasso, você estará *sempre* posicionando automaticamente as notas fortes do arpejo sobre o tempo, em qualquer direção que você toque. As extensões mais fracas sempre cairão sobre os contratempos.

Agora você pode ver a razão pela qual os músicos de jazz usam escalas bebop!

Esses são os diagramas para a escala bebop de Bb e Eb. As sétimas naturais cromáticas adicionadas são mostradas por um círculo vazio:

Para começar, vamos nos concentrar em como usar a escala bebop de Bb. Tudo nesta parte é imediatamente transferível para a escala de Eb Bebop.

Em primeiro lugar, tenha certeza de ter memorizado a escala Bebop de Bb e de que pode tocá-la em colcheias ascendentes e descendentes a 120 bpm. Toque sobre a faixa de fundo três, um Bb7 estático, e ouça como as notas dos acordes caem sempre no tempo e as notas de fora dos acordes sempre ficam no contratempo (mas só quando você começa com uma nota do arpejo no tempo e toca em colcheias).

Quando você estiver confiante, volte para a faixa de fundo dois (um compasso de Bb7 e um compasso de Eb7) e pratique o próximo exercício.

Comece na tônica do acorde de Bb7 e suba oito notas pela escala bebop de Bb. Toque uma nona nota final, que terá como alvo a nota mais próxima do arpejo de Eb7, tal como aprendemos a fazer no capítulo quatro. Isso pode ser visto em duas oitavas no *exemplo 6c:*

Podemos também testar essa ideia descendo a partir das tônicas, conforme mostrado no *exemplo 6d:*

Observe que, nesse exemplo, eu retorno visando o b7 de Eb, embora eu pudesse igualmente continuar descendo para a 5ª (Bb) do acorde de Eb7. Dependendo da escolha, será normalmente um b7, já que é uma nota guia e, portanto, um som forte.

Não se esqueça de praticar descendo a escala bebop de Bb a partir da tônica da oitava superior.

Teste o mesmo conceito, mas agora subindo e descendo a partir das 3ª do acorde de Bb7:

Exemplo 6e:

Exemplo 6f:

No exemplo 6f, dei dois possíveis pontos de resolução para o b7 de Eb, que seria a minha escolha preferida; no entanto, você pode optar por repetir a nota final e resolver na tônica do acorde de Eb7.

Pratique ascendente e descendentemente a escala bebop do Bb a partir das 3ª de Bb7 em cada oitava nesta posição. Ache todas as maneiras possíveis para resolver no acorde de Eb7 no tempo um do compasso dois.

Agora, pratique sobre as mesmas ideias, mas subindo a partir tanto da 5ª e da b7 da escala Bebop de Bb. Sempre resolva em uma nota do arpejo de Eb7.

Em seguida, repita o processo, mas dessa vez vamos usar a escala bebop de Eb sobre o acorde de Eb7 e resolver em uma nota do acorde de Bb7. Primeiro, tenha certeza que memorizou a escala bebop de Eb Mixolídio:

Use a faixa de fundo dois novamente e repouse no primeiro compasso. Você pode ouvir isso demonstrado de forma ascendente e descendente a partir da tônica no *exemplo 6g:*

Como você pode ver, quando sobe ou desce a escala bebop de Eb7 a partir da tônica do acorde de Eb7, a resolução pode ser um pouco desajeitada. Vamos resolver isso no capítulo sete quando estudarmos as notas de passagem cromática.

Continue a explorar a escala bebop de Eb, tocando oito notas ascendentes ou descendentes entre todas as 3ª, 5ª e b7 do acorde de Eb7. Sempre resolva a nona nota em uma nota do acorde de Bb7, mesmo que isso signifique repetir duas vezes a nota final. Use os diagramas, na página 29, para ajudá-lo a localizar seus pontos de partida se você se perder. Os exemplos, a seguir, mostram algumas alternativas possíveis a partir da 3ª, 5ª e b7 do acorde de Eb7.

Exemplo 6h: Desça a partir da 3ª de Eb7

Exemplo 6i: Desça a partir da 5ª de Eb7

Exemplo 6j: Suba a partir da b7 de Eb7

Esgotar todas as possíveis resoluções com essas escalas pode levar algum tempo. Seja paciente e vá devagar. Esse livro é escrito intencionalmente em etapas e, embora o domínio completo de *qualquer* tópico seja difícil de alcançar, uma boa compreensão de como resolver uma escala bebop em qualquer ponto da escala é essencial.

A próxima etapa é começar a juntar as escalas bebop de Bb e Eb, em outras palavras, queremos continuar uma execução com a escala apropriada *sobre* as mudanças de acordes.

Por exemplo, dê uma olhada na seguinte linha que começa na escala bebop de Bb e muda para a escala bebop de Eb, depois de uma nota do acorde no tempo um do compasso dois.

Exemplo 6k:

Aqui está outra ideia começando na 3ª do acorde de Bb7.

Exemplo 6l:

O segundo compasso do exemplo 6l é interessante porque em vez de descer direto a escala bebop de "Eb", eu uso uma *nota de aproximação cromática* para atingir a 3ª do acorde de Bb7 no compasso três. A coisa mais importante a trabalhar neste momento é ter a certeza de que você toca uma nota do arpejo do novo acorde no tempo um do novo compasso. Não há problema se você tiver que alterar a ordem das notas finais do compasso anterior.

Esse conceito fica muito mais elaborado e musical no capítulo sete, quando estudaremos notas de aproximação cromática e seus padrões. Agora, esteja certo que uma nota do arpejo cairá no novo acorde.

Não precisa começar a sua linha de blues no primeiro tempo do compasso. Os exemplos, a seguir, começam nos tempos dois, três e quatro do compasso Bb7:

Exemplo 6m:

Exemplo 6n:

Exemplo 60:

Por enquanto, não se preocupe com os intervalos e notas de aproximação cromática nos exemplos anteriores. É recomendável adicionar muitos dispositivos melódicos para ajudar as notas do arpejo a ficarem no tempo.

Se você tiver vontade de colocar uma nota de extensão do acorde (9ª, 11ª ou 13ª) no tempo um, há sempre uma maneira de resolver essas tensões com uma nota de passagem cromática para voltar em uma nota do arpejo no tempo dois. Você vai perceber que isso acontece frequentemente quando você começa no tempo quatro do compasso um.

Outra ótima maneira de praticar é definir uma meta de prática com frases de *comprimento específico*. Tente tocar linhas de 4, 6, 8 ou 10 notas. Você aprenderá rapidamente a sentir como essas frases soam. Você pode tentar começar com frases de 8 notas nos tempos dois, três ou quatro, além de frases de 6 notas começando nos tempos três e quatro.

Enquanto pratica esses fragmentos melódicos, siga sempre até o final do compasso e tente tocar uma nota do acorde no tempo.

Você pode perceber agora que escalas de bebop combinadas com notas do arpejo sobre mudanças de acordes são uma parte essencial do vocabulário do jazz. Quando juntamos os conceitos de nota de passagem cromática e padrões de notas de aproximação cromática, começaremos realmente a nos familiarizar com os princípios fundamentais da linguagem de guitarra do jazz.

O cromatismo é um dos elementos melódicos mais essenciais do jazz. Discutiremos isso no próximo capítulo.

Capítulo Sete - Notas de Passagem Cromática

No capítulo anterior, examinamos a escala Mixolídia Bebop e vimos que ela é formada pela adição de uma nota de passagem cromática extra entre a b7 e a tônica da escala. Essa escala de oito notas funciona bem no jazz porque qualquer linha em colcheias começando em uma nota do acorde manterá sempre "automaticamente" uma nota do acorde no tempo.

No entanto, como também vimos no capítulo anterior, essa característica útil pode às vezes desmoronar quando solamos sobre uma mudança de acordes. Isso pode ser visto facilmente no *exemplo 7a:*

Descer a escala Bebop de Eb a partir da 3ª, conforme mostrado nesse exemplo, leva a uma situação onde a nota final do compasso de Eb é uma nota do acorde de Bb7 no compasso seguinte. Embora não seja incorreto, podemos criar uma linha muito mais suave e mais "jazz" adicionando uma nota *cromática* nos tempos quatro e um. Uma nota cromática é *qualquer* nota que não esteja na escala atual.

Analise como mudei a linha anterior no *exemplo 7b:*

A nova nota (A) é uma *nota de passagem cromática* entre o Bb no tempo quatro e o Ab no tempo um. Como cai em um contratempo (*entre* os tempos), ela não é sentida como uma dissonância forte. Na verdade, faz uma transição mais suave e muito melódica entre os dois acordes.

A nota de passagem cromática pode ser adicionada em *qualquer* tempo que esteja a um tom de distância da nota alvo no compasso quatro.

O exemplo 7c mostra outro exemplo que se move de Bb7 para Eb7.

Exemplo 7c:

Novamente, estude o que acontece no tempo quatro. Nesse exemplo, eu passo da 5ª do acorde de Bb7 (F) para a 3ª do acorde de Eb7, através de uma nota de aproximação cromática. Novamente, a nota de aproximação cromática recai sobre o contratempo do tempo quatro.

No exemplo a seguir, vou cromaticamente da 5ª do acorde de Bb7 para a tônica de Eb7, antes de continuar a linha com uma ideia de escala bebop e arpejo.

Exemplo 7d:

Essas notas de passagem cromática são usadas *o tempo todo* no jazz. A qualquer momento, você pode perceber que está a um tom de distância da sua nota de destino, você pode "preencher a lacuna" com uma nota de passagem cromática.

Outra maneira muito útil de usar notas cromáticas é quando nos encontramos a um *semitom* de nossa nota de destino no tempo quatro. Por exemplo, vamos imaginar que quero fazer meu solo se mover da b7 no tempo quatro do acorde Bb7 para a 3ª do acorde de Eb7 no tempo um.

Já estou a um semitom da nota que gostaria, então não é possível inserir uma nota de passagem cromática sobre o contratempo do tempo quatro. Em vez disso, posso usar um *"enclosure"* e tocar uma nota cromática *do outro lado* da minha nota alvo. Isso é mostrado no *exemplo 7j*:

Esse "enclosure" é apenas um dos muitos *padrões de notas de aproximação* que são usados constantemente no jazz. Aqui está uma linha de bebop que incorpora o conceito anterior:

Exemplo 7f:

Você consegue ouvir como usar uma nota de aproximação cromática para preceder a nota do acorde de Eb7 adiciona força e estilo na linha?

Os "enclosures" não possuem necessariamente uma nota cromática, no entanto. Às vezes podemos utilizar um "enclosure" que na verdade só usa notas da escala original. Por exemplo:

Exemplo 7g:

A linha anterior foca na 3ª de Bb7 (D) com um "enclosure". Acontece que ambas as notas do "enclosure" são notas da escala bebop de Eb Mixolídio.

O exemplo 7h é uma linha que se desloca de Bb7 para Eb7 usando um "enclosure" para alcançar a 3ª de Eb7.

Exemplo 7h:

A próxima linha usa um "enclosure" para o b7 de Eb7.

Exemplo 7i:

Outro uso importante das notas de passagem cromática é entre uma nota da escala (extensão) e uma nota do arpejo do mesmo acorde.

Até agora, sempre tocamos uma nota do arpejo em cada tempo do compasso. Essa é uma parte essencial para aprender a ouvir e tocar jazz, no entanto, ao progredir, você irá perceber que seus ouvidos muitas vezes vão querer colocar uma nota no tempo que *não é* uma nota do arpejo.

Esse é um tema um pouco paralelo agora, mas enquanto estamos no assunto de notas de passagem cromática, você deve saber que podemos sempre usar uma passagem cromática para ir de uma nota de fora do arpejo para uma nota do arpejo.

Por exemplo, estude esta linha que se move de Eb7 para Bb7. Quando o acorde foi alterado para Bb7, deliberadamente coloquei a 13ª de Bb7 (G) no tempo.

Estude como usar uma nota cromática de passagem sobre o contratempo do tempo um para "recuperar" e voltar para uma nota do arpejo (a 5ª, "F") no tempo dois.

Exemplo 7j:

Eu também poderia ter usado um "enclosure" para alcançar o b7 de Bb7. Aqui está a mesma linha com um final diferente. *Exemplo 7k:*

Pode demorar um pouco para se acostumar com esse tipo de cromatismo, mas desde que a nota cromática seja tocada no contratempo, tudo sempre funcionará.

A mesma abordagem pode ser tomada a partir da 9ª até a tônica, conforme mostrado no *exemplo 7l:*

Você pode ver como as linhas de jazz podem rapidamente se tornarem muito cromáticas e interessantes, simplesmente combinando notas alvo com a escala bebop, notas de passagem cromática e "enclosures"?

Uma nota de passagem cromática também pode ser usada entre a 11ª e a 5ª da escala, no entanto, tenha cuidado ao colocar a 11ª de um acorde maior ou dominante no tempo.

Se a 11ª de um acorde maior for tocada no tempo, ela criará um choque de semitom com a 3ª maior do acorde. No momento, eu sugeriria evitá-la.

Pode ser difícil encontrar formas eficazes de praticar notas de passagem cromática e "enclosures". Nós olharemos ideias de treino mais detalhadas no capítulo seguinte, quando virmos *padrões de notas de aproximação*. Por enquanto, uma sugestão de boa prática é simplesmente desligar seu metrônomo e imaginar que você está tocando os dois últimos tempos de um compasso e o primeiro tempo do próximo.

Pratique tocar três notas da escala bebop a partir de uma nota do acorde e tente encontrar uma nota de passagem cromática ou "enclosure" para usar na nota final do compasso, que tem como alvo uma nota do próximo acorde.

Veja isso nos exemplos de 7m-7o.

Exemplo 7m:

Exemplo 7n:

Exemplo 7o:

Tente ser metódico e não se preocupe com o uso de um metrônomo no início. Trate isso como uma exploração. O melhor é que todas essas ideias cromáticas curtas rapidamente entrarão em seus ouvidos e você vai se pegar criando alguns licks cromáticos excelentes e articulados sobre as mudanças de acordes.

Capítulo Oito - Padrões de Notas de Aproximação Cromática

Os capítulos seis e sete discutiram abordagens para solos de blues utilizando a escala mixolídia de bebop e notas de aproximação cromática, no entanto, a linguagem do jazz é composta principalmente de arpejos e "floreios" nesses arpejos.

Lembre-se o princípio básico dos solos de jazz: mantenha as notas dos arpejos *no tempo* e notas de fora do arpejo *no contratempo*. Se pensarmos no que aprendemos no capítulo anterior sobre notas de passagem cromática, não é errado sugerir que podemos colocar *qualquer* nota cromática no contratempo, contanto que ela se resolva em uma nota do arpejo no tempo.

Esse conceito é um excelente ponto de partida para explorar alguns floreios usados normalmente em solos baseados em arpejos.

Vamos relembrar o arpejo de Bb7:

Bb7 Arpeggio

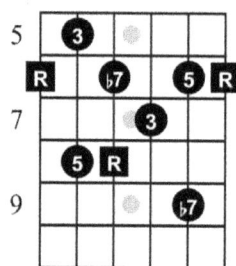

Nós vamos adicionar uma nota de aproximação cromática um semitom abaixo de cada uma das notas do arpejo de Bb7.

Cada nota cromática será tocada em um contratempo e estará um semitom abaixo da nota alvo.

Tente o próximo exercício em seu próprio tempo. Não use um metrônomo e tente visualizar cada nota do arpejo Bb7 enquanto toca.

No diagrama, a seguir, as notas do arpejo de Bb7 estão preenchidas e as notas de aproximação cromática estão sem preenchimento.

Exemplo 8a:

Bb7 Arpeggio

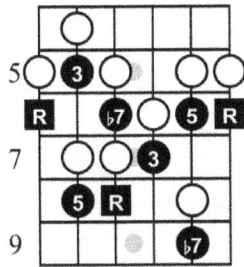

Quando estiver confiante, toque o exercício anterior como uma linha contínua, como no exemplo 8b:

Exemplo 8b:

Também aprenda essa ideia descendentemente, como no exemplo 8c:

Agora, aplique a mesma ideia no arpejo de Eb7. Para economizar espaço, escrevi os exemplos a seguir em colcheias, mas não tenha medo de adicionar espaços entre as notas para facilitar a assimilação desse conceito. Essa técnica pode ser aplicada a qualquer arpejo, por isso é aconselhável ir lentamente aqui e aprender o som cuidadosamente e com fluência.

Exemplo 8d:

Exemplo 8e:

Quando eu aprendi esses conceitos pela primeira vez, a principal dificuldade que tive foi usá-los musicalmente. Eu acabei percebendo que eles funcionam melhor quando *não* são usados separadamente. Eles se ligam fortemente através das ideias melódicas sobre mudanças de acordes que examinamos no capítulo sete e podem ser usados a qualquer momento como uma aproximação até uma nota alvo de um novo acorde.

Esses padrões também são muito úteis e característicos, quando adicionados às linhas baseadas em arpejos sobre acordes estáticos. Eu recomendo que você se acostume com o som e a rítmica deles sobre uma faixa de fundo com um acorde, como as faixas três e quatro.

As linhas a seguir demonstram o uso do padrão de nota de aproximação "semitom abaixo".

Exemplo 8f:

Exemplo 8g:

Há muitos outros padrões de notas de aproximação cromática que muitas vezes são usados, mas um que você definitivamente deve treinar é o *semitom abaixo / tom da escala acima*.

Como seu nome sugere, esse padrão começa de uma maneira similar ao padrão de semitom abaixo descrito acima, no entanto, agora adicionamos outra nota, dessa vez da escala adequada para o acorde (no caso, o modo Mixolídio).

Uma coisa muito interessante sobre esse padrão é que nos permite colocar uma nota cromática *no tempo* e isso soa muito bem desde que resolvido corretamente.

O exemplo 8h mostra como tocar o padrão *semitom abaixo / tom da escala acima* na tônica do arpejo de Bb7.

Exemplo 8h:

Como você pode ver, a nota que é cromática para a escala está agora colocada no tempo (embora mais tarde, você deva experimentar a colocação rítmica de todas essas ideias).

Aqui estão todas as notas do arpejo do acorde de Bb7 tocadas com o mesmo padrão. Observe que para *todas* as notas, com exceção da 3ª, a nota da escala está sempre um tom acima da nota alvo. Para a 3ª de um acorde dominante 7, o tom da escala está sempre um semitom acima da nota alvo.

Exemplo 8i:

Mais uma vez, não se preocupe em tocar esses padrões com um metrônomo ou faixa de apoio no início. É muito mais importante que você aprenda lentamente e com precisão. Eles são uma ótima maneira de testar o quão bem você *realmente* conhece esses arpejos porque você deve visualizar e ouvir a nota alvo antes de realmente tocá-la.

Quando você estiver começando a entender esse padrão, tente passar pelo arpejo todo com uma nota do arpejo por compasso da faixa de fundo três. Deve ficar como no *exemplo 8j*:

Gradualmente aumente a frequência dos padrões de notas de aproximação e experimente ritmos também. Repita esse processo descendo e também no arpejo de Eb7, no *exemplo 8k* (faixa de apoio quatro):

Tente saltar intervalos dentro do arpejo também. Por exemplo, primeiro almeje a tônica, depois a 5ª, depois a 3ª e, finalmente, a b7. Tente qualquer combinação que você puder pensar!

O maior desafio é trazer esses padrões de notas de aproximação para seus solos e combiná-los com outros conceitos fundamentais de jazz, contidos neste livro. Esse é definitivamente um objetivo de longo prazo, mas simplesmente praticando esses padrões de notas de aproximação todos os dias, seus ouvidos *trarão* isso gradualmente para sua forma de tocar.

As próximas linhas combinam os diferentes conceitos abordados até agora neste livro. Elas consistem em arpejos, escalas de bebop, notas alvo, notas de passagem cromática e notas de aproximação cromática.

Linhas que se deslocam de Bb7 para Eb7.

Exemplo 8l:

Exemplo 8m:

Exemplo 8n:

Exemplo 8o:

Linhas que se deslocam de Bb7 para Eb7.

Exemplo 8p:

Exemplo 8q:

Quando você estiver aprendendo esses licks, não se esqueça de analisá-los e descobrir como eles são construídos. Desconstruindo-os, você vai descobrir muita coisa sobre como os conceitos nos capítulos anteriores são usados musicalmente.

Para começar, pratique cada linha lentamente e sem um metrônomo, mas assim que for capaz, reproduza-as com uma faixa de apoio ou metrônomo para que você possa ouvir as notas fortes do acorde ainda caindo normalmente no tempo.

Capítulo Nove - Adicionando o Acorde bV Diminuta com 7ª

Uma adição muito comum no jazz blues é a inclusão de um acorde diminuta com 7ª, construído sobre o grau bV (b5) do acorde tônica. Ele é tocado no sexto compasso, como uma alternativa para o segundo compasso do Eb7.

Por exemplo, na tonalidade de Bb, o grau bV é a nota Fb (ou E natural para manter a simplicidade). Portanto, podemos tocar a seguinte progressão:

Exemplo 9a:

Você pode tocar esse acorde das seguintes maneiras na guitarra:

Apesar dessa "teoria" parecer um pouco intimidante no papel, a verdade é que o acorde de Edim7 ainda está *funcionando* como um acorde de Eb7, embora com um pouco mais de tensão. Eis a razão:

Se olharmos para as notas no *E* diminuto com 7ª: E, G, Bb, Db, em termos de sua relação *com o acorde de Eb7* (Eb, G, Bb, Db), notamos que os dois acordes, na verdade, só possuem uma nota diferente entre eles.

Tudo o que mudou foi a tônica do acorde de Eb7, elevado um semitom para tornar-se a nota E.

Como uma extensão da tônica do Eb, a nota E é um b9 (tecnicamente a nota é um Fb, mas vamos chamá-la de "E" para maior clareza).

Adicionar um b9 ao acorde dominante é uma alteração extremamente comum no jazz e fica muito bom, como você pode ouvir no exemplo 9a.

Toda essa explicação pode parecer um pouco confusa no papel, então para simplificar as coisas, olhe para os acordes de Eb7 e Edim7 transcritos um ao lado do outro:

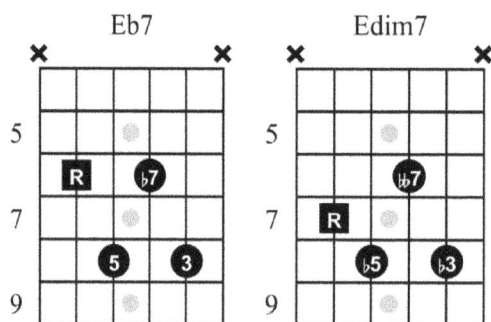

Como você pode ver, os acordes são idênticos, exceto pela nota do baixo que subiu um semitom.

Adicionando essa tensão no compasso seis do blues, criamos uma quantidade enorme de novas opções de solos para adicionar tensão melódica e estilo a este ponto na progressão. Há um método muito fácil para solar sobre esse acorde: ignorá-lo!

Devido ao fato de que o acorde de "E" diminuto está *funcionando* como um acorde de Eb7b9, todas as abordagens do Eb7 que nós vimos até este ponto vão funcionar porque o ouvinte ainda está apenas ouvindo um acorde de Eb7.

Embora eu recomende que você explore esse acorde usando o arpejo e a escala de bebop de Eb7. Se usarmos *apenas* essa abordagem, perderemos algumas grandes oportunidades para solar.

A primeira forma e mais comum de lidar com esse novo acorde é simplesmente tocar um arpejo de Edim7 sobre ele. Isso é mostrado no *exemplo 9b:*

Edim7 Arpeggio

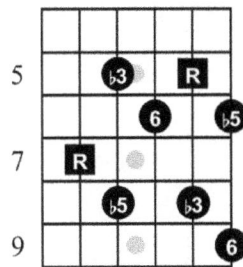

Edim7 Arpeggio

Mais uma vez, observe que esse arpejo é idêntico ao arpejo de Eb7, na página 15, exceto pelo fato de que a nota Eb foi aumentada um semitom para "E".

Já que os dois arpejos são quase idênticos, pode ser muito útil focar na única nota diferente, usando o novo arpejo de Edim7 no compasso seis.

Os exemplos seguintes usam semínimas para atingir as notas que variam no arpejo entre os compassos, cinco, seis e sete.

Exemplo 9c:

Exemplo 9d:

Treine solos sobre essa mudança de acordes, da mesma forma que você aprendeu a mudar do Bb7 para Eb7 nos capítulos três, quatro e cinco.

Lembre-se de ser organizado. Nos exemplos acima, eu subi os arpejos a partir da tônica e da 3ª. Repita isso com a 5ª e b7. Também pratique essas mudanças descendentemente.

Divida a guitarra em grupos de duas cordas e foque-se em como as notas dos acordes estão se movendo em uma área pequena e limitada.

Quando você estiver confiante em cada conjunto de duas cordas, aumente a extensão tocada para três cordas, quatro cordas e cinco cordas.

Acima de tudo, lembre-se que esse é essencialmente um exercício de audição e treinar seus ouvidos com cuidado nesta fase é permitir que você relaxe quando estiver tocando solos rápidos. Eventualmente, você será capaz de deixar seus ouvidos guiarem os dedos para as notas certas.

Quando se trata de tocar linhas com base em escalas sobre o acorde de Edim7, uma das escalas mais adequadas para usar é a de oito notas de E diminuto (tom-semitom).

Essa escala tem a fórmula 1 2 b3 4 b5 #5 6 7. Em "E", ela oferece as notas E, F#, G, A, Bb, C, Db, D#. A Escala Tom-Semitom é conhecida como uma *escala sintética* porque ela não é derivada de qualquer sistema modal, tais como os principais modos das escalas menores, harmônicas ou melódicas.

As Escala Tom-Semitom é simétrica: sua estrutura de intervalos se *repete* como pode ser visto no diagrama, a seguir:

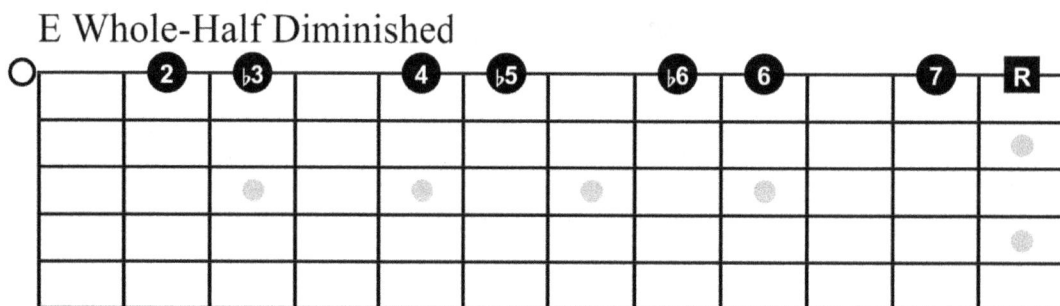

E Whole-Half Diminished

Por causa dessa simetria, a escala Tom-Semitom é frequentemente usada para criar sequências e padrões melódicos.

A escala Tom-Semitom pode ser tocada na guitarra da maneira a seguir. Os dedilhados são apenas uma sugestão.

Exemplo 9e:

E Diminished

Embora essa seja uma escala de sonoridade muito original, ela funciona muito bem sobre o acorde de Edim7, fornecendo a você uma nota do acorde no tempo um do compasso.

Minha nota alvo favorita é a tônica (E) porque é a única nota que foi alterada desde o arpejo do acorde anterior. Focar no "E" dá o efeito melódico mais óbvio, como você provavelmente já ouviu nos exemplos 9c e 9d. Outra excelente nota alvo é o A (b5 do acorde original de Eb), como é outra nota que claramente define a mudança.

Aprenda a aplicar a escala Tom-Semitom em pequenos grupos de cordas e sempre coloque notas do arpejo no tempo. Se precisar, pode sempre adicionar notas cromáticas para manter as notas do arpejo no tempo.

Aprender a aplicar a escala Tom-Semitom de "E" foi um dos meus maiores desafios quando aprendia a solar no jazz blues. Pode demorar um pouco para esta escala se tornar natural, especialmente porque é usada apenas por um compasso. Para começar, aqui estão algumas linhas da escala Tom-Semitom que você pode usar sobre o compasso seis.

Exemplo 9f:

Exemplo 9g:

Exemplo 9h:

A melhor maneira de se acostumar com a escala Tom-Semitom é simplesmente treinar com uma faixa de apoio lenta.

Capítulo Dez - Arpejos Estendidos com 3ª e 9ª

O último conceito que veremos nos acordes de Bb7 e Eb7 é a ideia de usar os arpejos *estendidos*. Os arpejos que vimos até este ponto foram todos tocados subindo a partir da tônica, 1, 3, 5 e b7. Uma abordagem muito comum em solos de jazz é formar um novo arpejo de quatro notas a partir da *3ª* do acorde.

Por exemplo, o arpejo 1, 3, 5, b7 poderia ser substituído pelo arpejo 3, 5, b7, 9.

Nosso arpejo de Bb7 (Bb, D, F, Ab) poderia ser substituído pelas notas D, F, Ab e C. Ao tocar o arpejo baseado na 3ª do acorde, podemos deixar a tônica e em vez disso tocar a 9ª da escala.

Os músicos de jazz, muitas vezes, veem a tônica como uma nota bastante desinteressante, afinal de contas, ela já está sendo tocada por outros instrumentistas, como o baixista, o tecladista ou outro guitarrista. Tocar a tônica pode ter um efeito de ponto final em uma linha melódica, por isso em algumas circunstâncias é desejável evitá-la e substituí-la pela 9ª, que tem um som mais rico.

Claro, é tudo uma questão de gosto e, às vezes, você vai querer ouvir a tônica. Lembre-se que as notas guia de qualquer acorde (a 3ª e a b7) são melodicamente mais fortes do que a tônica e, geralmente, são melhores para articular as mudanças de acordes.

Quando tocamos o arpejo estendido 3-9 de Bb7, as notas que tocamos são D, F, Ab e C. Essas são realmente as notas do arpejo de Dm7b5 (Ré menor com sétima e quinta bemol). Quando construímos um arpejo estendido 3-9 a partir da 3ª de um acorde dominante com 7ª, formamos um novo arpejo m7b5.

Outra vez, isso é mais fácil de ver em forma de diagrama. Aqui estão os diagramas dos arpejos 1-b7 e 3-9.

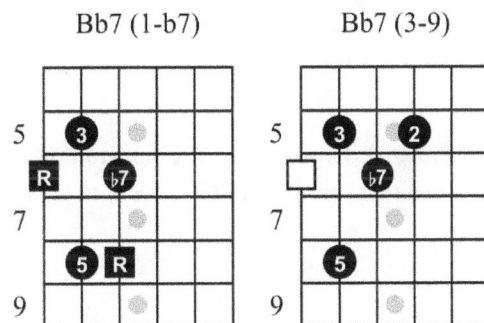

Você pode tocar o arpejo estendido 3-9 integralmente da seguinte forma:

Exemplo 10a:

Bb7 (3 - 9)

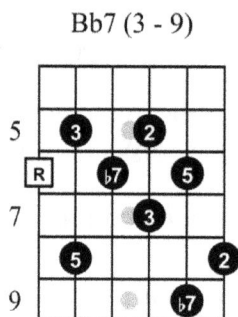

(A tônica está em um quadrado sem preenchimento para ajudá-lo a se orientar. Não toque-a no arpejo).

Vamos praticar essa ideia, como fizemos no capítulo quatro, e usá-la sobre um loop de Bb7 até Eb7, visando a nota mais próxima do arpejo em cada mudança de notas. Observe que eu ainda estou usando o arpejo tônica-b7 no acorde de Eb7.

Exemplo 10b:

Ouça a diferença na melodia do acorde Bb7, quando você usa o arpejo 3-9. Você consegue ouvir o som mais rico e mais interessante?

Mais uma vez, divida o braço da guitarra em grupos de duas cordas e pratique tocar as mudanças entre os arpejos 3-9 de Bb7 e o arpejo de Eb7.

Sinta-se livre para fazer esse exercício sem um metrônomo a princípio, assim você pode ter certeza de que está tocando as mudanças corretamente. Em particular, ouça o *feeling* da melodia quando você tocar a 9ª no tempo um do compasso de Bb7.

Mova seu grupo de duas cordas pelo braço e, gradualmente, aumente o número de cordas nele.

Em seguida, iremos construir o arpejo 3-9 para o acorde de Eb7.

Assim como antes, tocar o arpejo 3-9 tem o efeito de descer a tônica (Eb) e substituí-la pela 9ª do acorde (F). Em vez das notas Eb, G, Bb e Db (1, 3, 5, b7), tocamos as notas G, Bb, Db e F (3, 5, b7, 9).

Aqui estão os diagramas dos arpejos 1-b7 e 3-9 em uma oitava, para que você possa compará-los.

Aprenda os arpejos pelo braço. Para começar, você só deve focar nas quatro cordas agudas, já que são as mais úteis para solos. Deixe as notas graves para mais tarde.

Exemplo 10c:

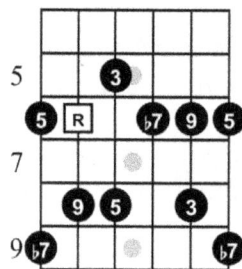

Eb7 (3 - 9)

Há duas opções para praticar esse arpejo. Você pode combiná-lo tanto com o arpejo de Bb7 (1-b7) quanto com o arpejo de Bb7 (3-9). Se você se sentir confiante com o arpejo Bb7 (3-9), então eu recomendo pular direto para os dois arpejos 3-9, porém sinta-se livre para começar com o arpejo de Bb7 (b7-1) se você precisar.

O exercício a seguir mostra como você pode alcançar notas do arpejo tanto com o Bb7 (3-9) quanto com o arpejo de Eb7 (3-9).

Exemplo 10d:

Mais uma vez, pratique tocar as mudanças (tratando a 9ª como uma nota do arpejo) sobre pequenos grupos de cordas. Ao ficar mais fácil, tente escrever algumas linhas sobre as mudanças de acordes, utilizando os conceitos dos capítulos anteriores para guiá-lo. Eis algumas ideias para começar.

Exemplo 10e:

(As 9ª estão entre parênteses)

Exemplo 10f:

Exemplo 10h:

Capítulo Onze - Solando Entre os Compassos Oito e Doze

Vimos detalhadamente os mais importantes artifícios utilizados em solos de guitarra do jazz e aplicamos aos primeiros sete compassos de jazz blues. Os oito compassos finais são harmonicamente mais complexos e podem ser mais desafiadores para os solos, no entanto, a boa notícia é que nós já temos uma boa base.

Conceitualmente, solar sobre as mudanças nos últimos cinco compassos é idêntico a solar sobre os compassos de 1 até 7, precisamos apenas aprender os arpejos apropriados e escalas para usar sobre essas novas mudanças. Em sua forma mais simples, solar sobre a progressão I VI II V é apenas questão de aprender os arpejos, ligar os pontos e adicionar as escalas e notas de aproximação. O desafio é que há mais notas agora para escolher!

Como descobrimos no capítulo um, os compassos finais de um jazz blues consistem em dois grupos da progressão I VI II V, um lento e outro rápido.

Embora já tenhamos visto o Bb7 no compasso sete em detalhes, a alteração de Bb7 para G7 é um dos pontos harmônicos mais importantes do blues. Por essa razão, nós começaremos focando na transição entre esses dois acordes. Isso também cria uma sobreposição em nossos estudos e ajuda a unir as duas seções da progressão de blues sem problemas. Eu sempre achei mais útil estudar e ensinar o I VI II V, em vez do VI II V I.

Vamos começar aprendendo o arpejo de G7 para usar no compasso oito sobre o acorde VI.

Lembre-se que a fórmula para um arpejo dominante com sétima é 1, 3, 5, b7, então a partir da tônica "G" temos as notas G, B, D e F.

(Comece focando apenas nas notas das quatro cordas agudas e adicione as notas sem preenchimento depois).

Exemplo 11a:

G7 Arpeggio

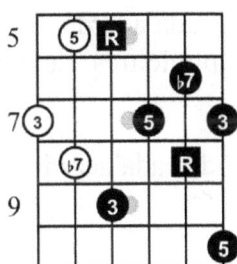

O mais importante de se observar no arpejo de G7 é que ele tem a nota *B Natural*. Se você lembrar do capítulo um, o acorde VI *diatônico* na tonalidade de Bb é G *menor*, que teria as notas G, *Bb*, D e F.

Já que mudamos a *qualidade* do acorde original de G menor com sétima para um acorde dominante com sétima (como é prática comum no jazz), introduzimos uma nova nota: B natural. Como essa nota está completamente fora da tonalidade de Bb, ela é uma nota muito forte para alcançar o G7 no solo.

Tente se mover de Bb7 para G7 e toque arpejos ascendentes a partir da tônica de cada acorde. Você pode praticar os próximos exercícios com a faixa de apoio cinco, um *loop* de:

Quando você puder tocar a partir da tônica de cada acorde ascendente e descendentemente, faça o mesmo a partir das 3ª, 5ª e b7 como você aprendeu no capítulo três. Lembre-se de passar mais tempo focando nas notas guia: 3ª e b7.

Aqui está um exemplo descendo a partir do b7 de cada acorde:

Exemplo 11b:

Como sempre, pratique para encontrar o ponto de mudança mais próximo entre os dois acordes nos grupos de duas cordas. Aqui está uma via possível nas duas cordas agudas.

Exemplo 11c:

Tocar em semínimas é essencial para ajudá-lo a memorizar o braço da guitarra, já que estamos usando uma grande quantidade de informação melódica.

Uma vantagem é que os caminhos em semínimas que você aprenderá sobre as mudanças lentas, automaticamente se tornarão linhas em colcheias quando você aplicá-los nas mudanças rápidas nos dois compassos finais. Lembre-se, estamos aprendendo o braço e internalizando o som das mudanças de acordes, não tentando construir linhas complexas.

Finalmente, pratique mudar entre os dois acordes *somente* usando notas guia (a 3ª e o b7 de cada acorde). Você ouvirá, mais uma vez, que a força das 3ª e b7 está em definir o som de qualquer acorde.

Para começar, eu incluí diagramas das notas guia do Bb7 e G7 para ajudá-lo a focar sua prática. Comece tocando apenas uma nota por compasso, então gradualmente aumente a frequência das notas.

A tônica está incluída nos diagramas a seguir para sua referência apenas.

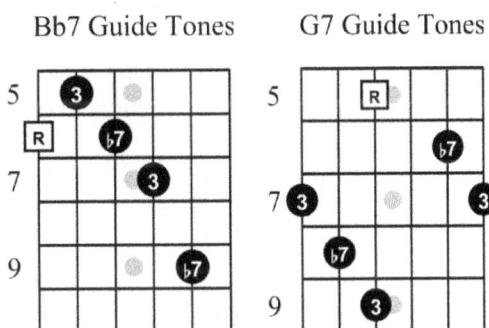

Em seguida, adicione algumas aproximações cromáticas simples para criar linhas em colcheias que foquem as notas do arpejo no tempo. Eis algumas ideias para começar.

Exemplo 11d:

Exemplo 11e:

A próxima coisa que você tem de saber sobre o acorde de G7 é que ele está funcionando como um acorde dominante com sétima que se resolve para Cm7 no compasso seguinte. Por essa razão, é aceitável (e recomendável) adicionar tensão extra aos acordes, usando substituições de arpejos e extensões alteradas.

Em música, nem sempre temos de tocar o mesmo arpejo do acorde (por exemplo, o arpejo de G7 sobre um acorde de G7). Usando outros arpejos, podemos melhorar a música, como vimos nos capítulos 9 e 10.

A substituição de arpejo mais comum tocada no acorde de G7, é um arpejo diminuto com sétima a partir da 3ª do acorde. A terça de G7 é B natural, então a substituição de arpejo que tocamos é B diminuta com sétima sobre o acorde de G7.

Essa substituição origina-se na escala de G frígio dominante, que vamos aprender no capítulo seguinte.

As notas do arpejo de G7 são G, B, D e F e as notas de Bdim7 são B, D, F, e Ab. Se eu reorganizar as notas, você verá que há apenas uma nota diferente entre os dois arpejos.

Intervalo de arpejo a partir do G	1	3	5	b7	b9
G7	G	B	D	F	
Bdim7		B	D	F	Ab

Tocando o arpejo de Bdim7 sobre o acorde de G7, ficamos livres da tônica do acorde (G) e a substituímos pelo b9 (Ab).

A harmonia implícita ao usar essa substituição é G7b9, que é também muitas vezes tocada na base.

Essa ideia é semelhante a usar o arpejo de Edim7 sobre o acorde de Eb7b9 implícito, que você aprendeu no capítulo nove.

A b9 é um intervalo muito rico e jazzístico de se tocar sobre a maioria dos acordes dominantes *funcionais* e ele funciona especialmente bem no contexto de um acorde dominante VI. Há outra vantagem também porque a nova nota de Ab se torna um ponto de resolução extra quando o acorde de G7 se move para Cm7 no compasso seguinte.

Você pode tocar o arpejo de Bdim7 da forma a seguir. Novamente, apenas se foque nas quatro cordas agudas agora.

Exemplo 11f:

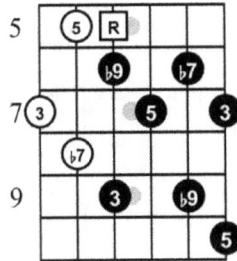

G7b9 / Bdim7

De agora em diante, nesse livro, sempre usaremos o arpejo de G7b9 sobre o acorde de G7, em vez do arpejo de G7. Isso não quer dizer que você não deva mais praticar o arpejo original de G7 sobre o acorde de G7. No entanto, o arpejo de G7b9 é mais comumente usado e imediatamente lhe dará um som jazzístico.

Agora podemos praticar usando o arpejo de G7b9 em conjunto com o arpejo de Bb7. Trate o b9 (Ab) como a nova tônica desse arpejo. Como sempre, pratique visando intervalos específicos em cada mudança de acordes, ou seja, tônica/b9, 3ª, 5ª e b7. Lembre-se, o G7b9 só tem uma nota diferente do G7, então você já fez a maioria dos exercícios para essa mudança de acordes. Quando você puder, passe a praticar sobre grupos pequenos de cordas outra vez.

Aqui está um exemplo que tem como alvo a tônica do Bb7 e o b9 do G7.

Exemplo 11g:

Pratique para encontrar os caminhos mais próximos entre os arpejos também. Aqui estão alguns *loops* do Bb7 para o G7, que visam a nota mais próxima em cada mudança. Observe que eu também uso notas de passagem cromática e padrões de aproximação cromática quando acho apropriado. Como sempre, nessa parte, comece com semínimas e tenha certeza que você dominou a mudança no primeiro tempo de cada compasso.

Exemplo 11h:

Realçar a mudança entre o acorde I e o acorde VI é um dos sons mais distintos em um jazz blues. As notas mais fortes para visar no acorde de VI são a 3ª, a b7 e a b9. Ao se mover do Bb7 para o G7, o b7 no G7 pode parecer *ligeiramente* mais fraco, já que a nota (F) também é ouvida no acorde de Bb7 (a 5ª).

Quando você conseguir realçar as mudanças dos acordes usando arpejos em colcheias, pode começar a usar uma escala apropriada sobre o acorde de G7(b9).

Capítulo Doze - Usando a Escala Frígia Dominante Bebop

Uma escolha muito comum de escala sobre o acorde VI7 é a escala frígia dominante bebop. Assim como a escala mixolídia bebop é formada pela adição de uma sétima natural ao modo mixolídio, a escala frígia dominante bebop é formada pela adição de uma sétima natural na escala frígia dominante.

A escala frígia dominante tem a fórmula 1, b2, 3, 4, 5, b6, b7. Quando escrita com as notas de fora do arpejo como extensões, a fórmula é 1, b9, 3, 11, 5, b13, b7. Percebeu o intervalo b9? É por isso que o arpejo de Bdim7/G7b9, no capítulo anterior, soa tão bem; ele está contido na escala frígia dominante.

Veja a fórmula mais uma vez, o modo frígio dominante tem todas as notas de um arpejo dominante com sétima (1, 3, 5 e b7) e mais algumas extensões excelentes (b9, 11 e b13).

A escala pode ser tocada na guitarra da seguinte maneira:

Exemplo 12a:

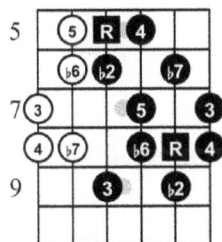

É importante conhecer essa escala, mas, para os nossos propósitos, novamente queremos criar uma escala bebop de oito notas, que irá manter as notas do arpejo no tempo, assim como com a escala mixolídia bebop no capítulo seis. Fazemos isso adicionando uma 7ª natural entre a b7 e a tônica.

A fórmula para a escala frígia bebop é 1, b9, 3, 11, 5, b7, b13, 7 e é tocada da seguinte maneira:

(As notas "bebop" adicionadas são mostradas por um ponto sem preenchimento)

Exemplo 12b:

G Phrygian
Dominant Bebop

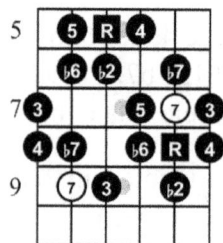

G7b9

Para começar, pode parecer um dedilhado estranho para a escala, no entanto, meu conselho é persistir nele. Existem outros padrões de dedilhados que você pode usar, mas a maioria deles requer mudanças de posição para serem tocados corretamente. Um pouco de perseverança aqui vai lhe dar grandes retornos.

Podemos começar a usar essa escala para "ligar os pontos" no acorde de G7. Um pequeno problema é que você agora pode estar acostumado a visar o b9 no acorde de G7. Se você deseja usar a escala bebop para "ajudar" a manter as notas do arpejo no tempo quando tocar linhas com escalas, deve tratar a nota tônica como a nota do arpejo, não a b9.

A b9, como você já sabe, soa muito bem como uma nota alvo no acorde de G7, portanto, uma maneira de trabalhar com isso é visar o b9, mas em seguida usar uma nota cromática (bebop) para colocar a tônica de volta no tempo. Mais sobre virá depois.

Comece aprendendo as mudanças entre Bb7 e G7 sobre grupos de duas cordas. Eu aconselho usar um arpejo de Bb7 no acorde de Bb7 e mover-se para a escala frígia dominante bebop sobre o acorde de G7 a princípio. Você também pode inverter isso para praticar a mudança da escala bebop de "Bb" para um arpejo de G7b9.

Mais tarde, vamos usar escalas bebop sobre ambos os acordes.

Aqui estão alguns exemplos de linhas melódicas, construídos sobre as quatro cordas mais agudas para você começar. Treine esses conceitos no seu tempo e escreva o máximo de linhas que puder. Mantenha um diário do que você está praticando e memorize qualquer uma das suas ideias favoritas.

Lembre-se de também ser metódico na sua prática, deliberadamente comece suas linhas a partir da tônica/b9ª, 3ª, 5ª e b7ª de cada acorde.

Exemplo 12c:

Exemplo 12d:

Exemplo 12e:

Exemplo 12f:

Agora, vamos colocar algumas notas de passagem cromática e padrões. Observe no primeiro exemplo como eu foquei o b9 de G7 e, em seguida, uso uma nota de passagem cromática para colocar a tônica de novo no tempo.

Exemplo 12g:

Exemplo 12h

No próximo capítulo, vamos ver a movimentação do acorde G7 para o acorde Cm7.

Capítulo Treze - Indo do G7 para Cm7

Os acordes finais Cm7, F7 e Bb7 formam um ii V I na tonalidade de Bb, então se você já viu meu livro **Mudanças Fundamentais na Guitarra Jazz: O ii V I Maior na Guitarra Bebop**, você pode aplicar qualquer um dos conceitos dele nesses três acordes. Cuidado, no entanto, porque a progressão de blues se resolve em um acorde dominante com sétima, não em um acorde maior com sétima, como é mais comum.

No jazz blues, uma coisa importante a notar é que, muitas vezes, o acorde de Cm7 é tratado como *a mesma coisa* que um acorde de F7, do ponto de vista da *escala*. Em outras palavras, ignoramos o Cm7 e solamos como se fossem dois compassos de F7. Veremos esse conceito em mais detalhes posteriormente, mas por enquanto devemos, como sempre, dominar os arpejos apropriados para realçar as mudanças de acordes da forma mais articulada possível.

Aqui está a forma do arpejo de Cm7. A fórmula é 1, b3, 5, b7 e as notas são C, Eb, G e Bb.

Exemplo 13a:

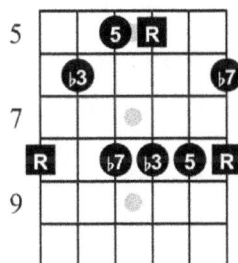

Cm7 Arpeggio

Quando você tiver decorado esse arpejo, pode começar imediatamente a usá-lo em conjunto com o arpejo de G7b9 do capítulo oito.

Lembre-se de usar semínimas e investigue as notas alvo entre o G7b9 e o Cm7 sobre a faixa de apoio seis:

Comece subindo e descendo cada arpejo a partir da tônica (ou b9 do G7), depois a partir da 3ª, 5ª e b7ª.

O exemplo a seguir é um bom começo.

Exemplo 13b: (Subindo da tônica/b9).

Exemplo 13c: (Descendo da b7).

Em seguida, tente ligar os arpejos encontrando a nota alvo mais próxima entre os arpejos sobre a mudança de acordes. Os exemplos, a seguir, demonstram essa ideia usando grupos de quatro cordas, mas novamente, você pode começar em grupos de duas cordas para desenvolver confiança, percepção e fluência no braço da guitarra

Exemplo 13d:

Exemplo 13e:

Como desafio, que tal praticar ligando os acordes Bb7, G7 e Cm7 com arpejos sobre a faixa de apoio sete?

Para começar, sole através da sequência Bb7 - G7b9 usando os arpejos em semínima do capítulo anterior. Dessa vez, no entanto, continue para o acorde de G7 e pare *na primeira nota* do arpejo de Cm7. Por enquanto, apenas repouse no acorde de F7.

Aqui está apenas uma maneira que poderia resolver o primeiro tempo do acorde de Cm7.

Exemplo 13f:

Você pode experimentar o exercício anterior sem um metrônomo ou com uma faixa de fundo para te dar tempo para encontrar as notas certas. Esse processo é extenuante e mentalmente exigente a princípio, mesmo em velocidades lentas.

É sempre melhor evitar o estresse causado por um tempo constante, no entanto quanto mais cedo você conseguir praticar com um metrônomo bem lento, melhor.

Veja de quantas maneiras você pode resolver para o acorde de Cm7 após o uso de arpejos no Bb7 e G7. Se você quiser, também pode adicionar algumas notas de aproximação cromática nos acordes de Bb7 e G7. Espero que você consiga ouvir como esse estudo detalhado rapidamente se transforma em linhas de jazz articuladas sobre as progressões.

Vamos voltar a treinar apenas a mudança entre G7 e Cm7. Agora, podemos adicionar algumas passagens cromática e notas de aproximação aos arpejos. Aqui estão algumas das possibilidades.

Exemplo 13g:

Exemplo 13h:

Quando tivermos esses arpejos e alguns padrões sob nossos dedos, podemos começar a usar a escala apropriada para o acorde de Cm7: a escala dórica de bebop.

No entanto, como dito anteriormente, é uma escolha muito comum, quando solamos sobre o acorde de Cm7, usar a escala de F mixolídio bebop e efetivamente ignoramos o acorde de Cm7. Isso é abordado no capítulo dezesseis, mas agora podemos começar a explorar a escala dórica de bebop em "C" sobre o acorde II, no turnaround.

Capítulo Catorze - Usando a Escala Dórica Bebop

A escala dórica bebop é simplesmente o modo dórico (fórmula 1 2 b3 4 5 6 b7) com uma sétima natural adicionada, resultando na fórmula 1 2 b3 4 5 6 b7 7 e nas notas C, D, Eb, F, G, A, Bb, B.

A escala dórica bebop pode ser tocada da seguinte forma:

Exemplo 14a:

C Dorian Bebop

Aprenderemos a escala dórica bebop de "C" ao utilizá-la em combinação com o arpejo de G7b9. Toque o arpejo de G7b9 no compasso um e almeje uma nota do arpejo de Cm7 no compasso dois. Continue a linha sobre o acorde de Cm7, usando a escala bebop. Como sempre, não se sinta obrigado a usar um metrônomo ao começar com esses exemplos.

O objetivo é simplesmente aprender a escala dórica bebop de "C" em conjunto com o acorde de G7.

Exemplo 14b:

Exemplo 14c:

Provavelmente, você vai perceber rapidamente que seu ouvido está lhe dizendo para adicionar notas de passagem cromática para ajudar a suavizar as alterações entre os acordes. Sinta-se livre para adicioná-las sempre que quiser.

Explore esse conceito tanto quanto puder e seja organizado em seus treinos. Lembre-se de começar na tônica/b9, 3ª, 5ª e b7ª do acorde de G7. Observe como isso muda a maneira de fazer a transição para o próximo acorde.

Também tenha em mente que o objetivo desse exercício é aprender a mudar *de G7 para* Cm7. O exercício será, indiretamente, uma ajuda para você aprender o movimento contrário, mas no blues os acordes de VI a II (G7 até Cm7) são uma progressão muito mais comum do que de II a VI (Cm7 para G7).

Eu digo isso porque você pode facilmente se distrair ao treinar a mudança do Cm7 para G7, em vez da mudança mais importante que é de G7 para Cm7. No blues, o Cm7 será quase sempre seguido por um acorde de F7.

Com sorte, o parágrafo anterior irá ajudá-lo a priorizar seu tempo de prática.

Em seguida, comece a usar a escala frígia bebop de "G" em conjunto com a escala dórica bebop de "C". As ideias de escala têm apenas dois compassos. Nesse momento, não quero que você pratique a volta para o acorde de G7 após o Cm7 porque você deve começar a focar no próximo acorde da sequência (F7).

Se você estiver confortável, siga para o arpejo de F7 e termine essas linhas na nota mais próxima do arpejo de F7 depois do compasso de Cm7.

Exemplo 14d:

Exemplo 14e:

Exemplo 14f:

As próximas linhas combinam arpejos e algumas idéias cromáticas novas com a escala bebop. Como sempre, o elemento mais essencial é uma linha melódica forte que se resolve em uma nota do acorde no tempo. Quando eu não toco uma nota do acorde no tempo, é porque a nota será parte de uma aproximação cromática.

Exemplo 14g:

Exemplo 14h:

Exemplo 14i:

Finalmente, construa algumas linhas que comecem a partir do acorde de Bb7. Você pode tocar essas linhas sobre a faixa de fundo sete. Mais uma vez, faça uma pausa no acorde de F7 no compasso quatro, no entanto, se você souber como fazer ou confiar em seus ouvidos, tente repousar em uma nota do arpejo de F7 no tempo um. Nos exemplos a seguir, eu tentei tornar as linhas mais musicais, adicionando repousos e pensando em pequenas frases.

Analise cada linha para ver como eu usei notas cromáticas, escalas de bebop e arpejos. Tente escrever suas próprias linhas também.

Exemplo 14j:

Exemplo 14k:

Exemplo 14l:

Você pode ver que mesmo quando as linhas são esparsas, como no exemplo 14l, podemos confiar em aproximações cromáticas para realçar os acordes.

Solar sobre um blues jazz não é necessariamente solar em colcheias. Quando vamos devagar, adicionamos espaços e focamos nas mudanças, podemos ouvir o blues começando a surgir.

Praticar linhas mais longas é essencial para desenvolver um vocabulário de bebop e aprender como as escalas de bebop e floreios funcionam, mas não se esqueça de deixar espaço e ouvir o efeito musical das notas que você está tocando.

No capítulo seguinte, iremos discutir uma série de opções que podemos usar quando solamos no acorde de F7.

Capítulo Quinze - Solando em F7

Embora possamos usar muitas escalas diferentes para solar sobre todos os acordes em um blues, o acorde dominante tem a mais ampla variedade de opções de escalas disponíveis. Mais uma vez, eu recomendo que você adquira uma cópia do livro **"Mudanças Fundamentais na Guitarra Jazz: O ii V I na Guitarra Jazz"** porque ele entra em mais detalhes no acorde dominante do que eu tenho espaço para ir aqui.

Já estudamos alguns exemplos que se resolvem em uma nota do acorde do arpejo de F7, no entanto, vamos começar por "formalizar" a abertura mais conveniente do arpejo completo de "F7".

Exemplo 15a:

F7 Arpeggio

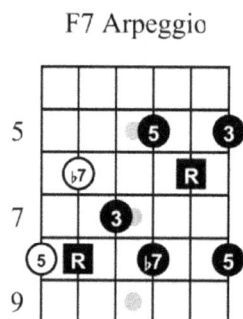

Como sempre, comece ignorando as notas abaixo da tônica nas cordas graves.

Memorize esse arpejo e quando você puder tocá-lo fluentemente, comece a aprendê-lo em conjunto com o arpejo de Cm7. Lembre-se, o próximo acorde na sequência seria o Bb7, por isso se quiser, você pode ligar o F7 ao Bb7 no mesmo exercício. Não vá com sede ao pote! Como sempre, aprenda todas as mudanças sobre pequenos grupos de duas cordas usando semínimas apenas, antes de mudar para três e quatro cordas.

Você já sabe que esses arpejos são vitais na formação de uma base para todas as nossas ideias melódicas. Se nossos ouvidos sempre puderem encontrar um caminho de volta para uma nota do arpejo, não há muito que dar errado.

Use a faixa de apoio oito para praticar os exemplos a seguir.

Exemplo 15b:

Cm7   **F7**   **Cm7**   **F7**

```
TAB
    8   6       6   5       5   8   6       6   5   8   5
        8               6           8       8   6
```

Exemplo 15c:

Cm7   **F7**   **Cm7**   **F7**

```
TAB
        8                       8           8       6
    5   8   8   5   8   6   8   8   5   8       8   5   8
```

Exemplo 15d: (Faixa de fundo nove)

Cm7   **F7**   **Bb7**

```
TAB
    8           6           7
        8   5       5   8       8   6   8
            8   7
```

Como você pode ver, existem muitas permutações desse exercício. Dividindo o braço em partes menores, podemos ser muito minuciosos em nossa prática e no nosso treinamento de percepção.

Assim como com o acorde de G7 no capítulo onze, o acorde de F7 é um dominante funcional, ou seja, está se movendo para um acorde a uma 5ª justa de distância. Como é um ponto de tensão na progressão de acordes, é normal adicionar tensão *extra* com substituições de arpejos e escalas alteradas.

Mais uma vez, um arpejo muito comum para tocar é o arpejo diminuto com sétima a partir da 3ª do acorde de F7 (A), criando a mesma substituição que usamos sobre o acorde de G7.

Construindo o arpejo diminuto com sétima a partir da 3ª de F7 (A), temos as notas A, C, Eb e Gb. Quando comparamos essas notas com as notas originais do arpejo de F7, obtemos:

Intervalo de Arpejo a partir do F	1	3	5	b7	b9
F7	F	A	C	Eb	
Adim7		A	C	Eb	Gb

Outra vez, derrubamos a tônica (F) e substituímos pelo b9 (Gb). Isso cria uma sensação um pouco mais tensa sobre o acorde de F7 original e adiciona mais estilo e cor ao solo.

Uma vantagem adicional do uso desse arpejo é que o próximo acorde na sequência (Bb7) tem a nota F. Tocando um Gb sobre o acorde de F7, temos um ponto extra de resolução, já que o Gb no acorde de F7 pode descer um semitom para o F no acorde de Bb7.

Isso pode ser visto e ouvido facilmente se eu reescrever o exemplo 15d usando o arpejo Adim7.

Exemplo 15e:

Usar o arpejo dim7 sobre o acorde dominante dessa forma é um som muito comum e útil. O arpejo de Adim7 completo pode ser tocado assim:

Exemplo 15f:

As notas tônica (F) são mostradas apenas para referência e não devem ser tocadas neste exemplo.

Agora, repita todos os exercícios desse capítulo, mas dessa vez use o arpejo de Adim7 em vez do arpejo de F7. Mesmo que haja apenas uma nota diferente, você vai ouvir uma enorme mudança na maneira que essas linhas simples soam.

Aqui está um exemplo em três cordas para lhe dar uma ideia.

Exemplo 15g:

Se você começar a entrar no clima rapidamente, não tenha medo de experimentar com o arpejo de G7b9 no compasso quatro do exercício anterior.

Para um som mais bebop, veja alguns padrões de notas de aproximação para chegar ao arpejo de F7b9.

Exemplo 15h:

Exemplo 15i:

Passe algum tempo experimentando com padrões de notas de aproximação e anote suas ideias favoritas. Você pode acelerá-las com um metrônomo para desenvolver um vocabulário personalizado de bebop.

Após isso, vamos ver algumas escolhas de escala diferentes para o acorde de F7. Há três opções comuns:

Escala Mixolídia Bebop de F

Escala Alterada de F

Escala Tom-Semitom de F Diminuto

Infelizmente, não há espaço suficiente para entrar em grandes detalhes sobre cada uma dessas três escalas. A escala Tom-Semitom pode ser um pouco confusa no início, por isso, neste livro, vamos começar estudando a escala Mixolídia Bebop de "F" e ver a escala alterada como uma possível alternativa.

Capítulo Dezesseis - Escala Mixolídia Bebop de "F"

A escala mixolídia Bebop de "F" funciona da mesma forma que as escalas bebop de "Bb" e "Eb". É uma escala mixolídia com uma sétima natural adicionada, resultando na fórmula 1, 2, 3, 4, 5, 6, 7, B7. A escala mixolídia bebop de "F" tem as notas F, G, A, Bb, C, D, Eb, E.

Ela pode ser tocada da seguinte forma:

Exemplo 16a:

F Mixolydian Bebop

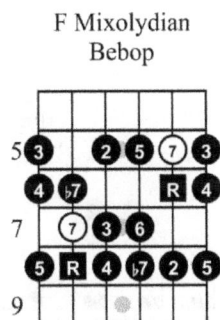

(As notas "bebop" adicionadas são mostradas por um ponto sem preenchimento).

Quando você tiver memorizado a escala, lentamente tente alguns exemplos que se movem do arpejo de Cm7 para a escala bebop de "F", antes de usar escalas de bebop em ambos os acordes. Os exemplos a seguir se resolvem em uma nota do arpejo de Bb7. Você pode usar a faixa de apoio oito para praticar as seguintes ideias.

Exemplo 16b:

Exemplo 16c:

Exemplo 16d:

Exemplo 16e:

Crie suas próprias linhas em colcheias que visem as notas do arpejo sobre a mudança e lembre-se de atravessar o fim do compasso para o acorde de Bb7.

Eu já mencionei que a escala Bebop de "F" pode ser usada sobre o compasso de "F7" *e* o compasso de Cm7 anterior. Na verdade, as notas do arpejo de F7 soam muito bem sobre o acorde de Cm7 também. Por essa razão, muitas vezes os músicos de jazz "ignoram" o acorde de Cm, tratando-o como um compasso extra de F7.

Isso funciona particularmente bem em tempos mais acelerados e, em especial, nas mudanças rápidas dos dois últimos compassos, já que precisar aplicar quatro escalas diferentes em apenas oito tempos pode ser um esforço musical enorme.

Vamos discutir como abordar as mudanças rápidas mais tarde, mas agora veja algumas linhas que usam a escala Bebop de "F" sobre os acordes de Cm7 e F7. Analise as linhas para ver se estou tocando notas do arpejo de F7 ou do arpejo de Cm7 sobre o acorde de Cm7. Essas linhas irão soar melhor em velocidades mais altas.

Exemplo 16f:

Exemplo 16g:

Finalmente, podemos adicionar mais ideias cromáticas e estender as linhas através do compasso final de G7b9, onde usaremos a escala frígia dominante de "G", combinada com o arpejo de Bdim7.

As linhas seguintes foram construídas a partir dos conceitos melódicos abordados no livro até agora.

Exemplo 16h:

Exemplo 16i:

* A.N.P = padrão de nota de aproximação [sigla em inglês].

Não se esqueça de que você não precisa tocar linhas longas em colcheia.

Exemplo 16j:

Uma estratégia de treino para frases longas é começar a sua linha em um tempo específico em cada compasso. Por exemplo, toque a partir dos compassos dois, três ou quatro. Você também pode iniciar em um contratempo, começando a linha com uma nota de aproximação cromática ou uma nota da escala. O próximo exemplo começa no contratempo do tempo dois.

Exemplo 16k:

Claro, você não precisa começar no tempo dois em todo compasso e você sempre pode deixar compassos inteiros de lado.

Tente experimentar usando comprimentos diferentes de frases. Tente frases de quatro, cinco, seis ou sete notas que atravessem o fim dos compassos.

Finalmente, lembre-se que as mudanças no jazz blues na verdade são:

E não sequência que começa com o Cm7 acima. Você deve começar a praticar com essa sequência de acordes, que você pode ouvir na faixa de apoio dez. O trabalho feito até agora é instantaneamente transferível para essa progressão.

Capítulo Dezessete - A Escala Alterada de "F"

A escala alterada de "F" é uma das mais dissonantes entre os recursos que os músicos de jazz mais utilizam. Ela pode ser vista como um arpejo dominante com sétima com *cada* possível alteração cromática de um acorde dominante com sétima. O fato mais importante a perceber é que essa escala *não* tem uma 5ª natural. Isso dá a escala Alterada uma sensação inquieta e tensa.

Eu poderia (e provavelmente vou) escrever um livro inteiro sobre as aplicações da escala alterada. Ela é o sétimo modo da escala menor melódica e pode ser tratada de modo muito diferente dos modos "regulares" da escala maior. Por enquanto, vamos ver algumas formas baseadas puramente em escalas para abordá-la.

A fórmula para a escala alterada pode ser escrita de diversas maneiras. Uma forma clara é:

1 b9 #9 3 b5 #5 b7.

As notas na escala alterada de "F" são F, Gb, G#, A, Cb, C#, Eb.

Como mencionado, a escala tem as notas 1, 3 e b7 do acorde dominante com sétima, mas com todas as possíveis alterações: b9, #9, b5 e #5. (Você verá muitas vezes o intervalo #5, escrito como *b13*).

Como você pode ver, não há nenhuma 5ª natural na escala.

Os intervalos ficam da seguinte forma no braço da guitarra:

Exemplo 17a:

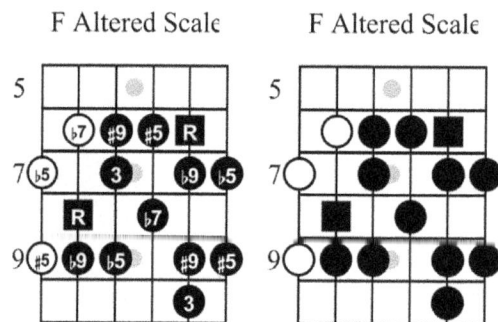

Eu incluí dois diagramas do braço da guitarra, um com os intervalos da escala inclusos e outro sem a fim de facilitar a leitura.

É "tecnicamente" mais correto usar a escala alterada quando um acorde dominante *alterado* estiver sendo tocado na harmonia, especificamente um sem 5ª ou 9ª natural. No entanto, numa situação ao vivo, o guitarrista ou pianista frequentemente improvisará com as alterações cromáticas de acordes dominantes, por isso é difícil saber quais acordes exatamente serão tocados sob o seu solo.

É também verdade que como o acorde V7 (F7) é um dos mais fortes pontos de tensão na progressão de blues, não há problema em adicionar tensão extra com a escala alterada nesse ponto, mesmo que algumas das notas entrem em conflito com a harmonia subjacente.

O segredo para fazer a escala alterada funcionar é ser muito claro no ponto de resolução ao retornar para o acorde I (Bb7). Usar tríades e arpejos derivados da escala Alterada também é uma abordagem muito forte.

Para começar, tente tocar uma figura baseada em escala que se resolva em uma nota do acorde de Bb7. Desde o início, você pode perceber que precisa adicionar notas de passagem cromática para ajudar nessa transição suave. Toque semínimas sobre a progressão seguinte, mantendo-se em grupos de duas ou três cordas. Foque nas notas do arpejo do acorde de Bb7, mas não se preocupe demais em tocar notas do arpejo no acorde alterado de F7. Use a faixa de apoio onze:

Aqui estão algumas ideias tocadas em grupos de duas cordas para você começar.

Exemplo 17b:

Exemplo 17c:

Esses exercícios normalmente levam muito tempo para serem absorvidos. Em parte porque as notas são novas, mas também porque muitas das dissonâncias criadas são uma questão de costume. Continue tocando junto com a faixa de fundo e permita que seus ouvidos se acostumem com essas novas cores.

Em seguida, vamos adicionar o acorde ii: Cm7. Tente tocar uma nota do arpejo no primeiro tempo dos compassos de Cm7 e Bb7, simplesmente toque a nota disponível mais próxima da escala alterada de "F".

Use a faixa de apoio nove para praticar essas ideias. Por enquanto, repouse no acorde de G7b9.

Os exemplos a seguir usam grupos de três cordas, embora você possa querer começar com grupos de duas cordas para ganhar confiança e fluência.

Exemplo 17d:

Exemplo 17e:

Em seguida, adicionaremos a escala frígia dominante de "G", novamente, com o objetivo de manter as notas do acorde no tempo.

No exemplo, a seguir, eu uso os grupos de três cordas na quarta, terceira e segunda corda. Você pode começar com grupos de duas cordas se precisar.

Exemplo 17f:

Exemplo 17g:

Esse processo pode parecer longo, mas a vantagem é que você só tem que fazê-lo uma vez. Na verdade, por causa do nível de detalhamento do estudo do braço, torna-se muito mais rápido usar esse tipo de abordagem. O objetivo é a fluência total no braço e a consciência auditiva nessa posição.

Vamos fazer algumas linhas em colcheias a partir da escala alterada de "F". Nos exemplos a seguir, eu uso notas de aproximação cromática quando preciso.

Observe que eu também voltei para a progressão I VI II V original da faixa de apoio dez.

Exemplo 17h:

Exemplo 17i:

Exemplo 17j:

Esses exemplos devem ajudá-lo a começar, mas a escala Alterada pode ser complicada de usar se você não tiver passado algum tempo desenvolvendo suas habilidades de arpejos sobre os outros acordes. Observe que a escala alterada possui o arpejo de Adim7 (F7b9) que usamos no capítulo 15. Esse é um som muito forte e um bom ponto de partida para qualquer improvisação.

Acima de tudo, vá devagar. Dominar as notas em semínima em 40 bpm vai te ajudar a tocar linhas complexas mais rapidamente do que correr para as colcheias em 180 bpm. Nessa fase, você deve pensar nessa abordagem como um jogo para ligar os pontos. Ligar arpejos com as escalas corretas e notas de aproximação.

O som da escala de "F" alterado é muito comumente usado e você vai ouvi-lo muitas vezes. O segredo é sempre encontrar um ponto de resolução bom no compasso seguinte. Lembre-se de sempre almejar as notas do acorde no tempo, além do acorde de F7 (onde as notas alteradas soam muito bem). Ao melhorar, você vai se pegar com mais liberdade e tocando notas da escala e alterações cromáticas no tempo. Sua capacidade de fazer isso depende completamente dos ouvidos e de como você é capaz de resolver uma tensão.

Vá devagar e aproveite a viagem.

Capítulo Dezoito - Praticando Mudanças Rápidas

Os dois compassos finais do jazz blues são uma repetição direta dos quatro compassos anteriores. Os mesmos quatro acordes são tocados, no entanto, dessa vez eles são tocados em dois por compasso.

A sequência é:

Essa progressão pode ser ouvida na faixa de fundo doze.

A boa notícia é que você já fez a maior parte da preparação e dos fundamentos para essa sequência por causa do estudo detalhado nos capítulos anteriores.

À medida que cada uma dessas mudanças de acordes foi introduzida, o ponto de partida para solos era sempre tocar em semínimas.

Agora que cada acorde dura apenas dois tempos, você pode simplesmente dobrar a velocidade das linhas para criar instantaneamente linhas em colcheias. Dê uma olhada no *exemplo 18a:*

Dobrando a velocidade das notas, criamos instantaneamente uma linha bebop em colcheia.

Exemplo 18b:

Esse exemplo mostra que uma boa maneira de abordar essas mudanças mais rápidas é pensar em *meio tempo*. Para construir uma abordagem de solo sobre mudanças rápidas, os próximos exercícios são muito úteis.

Primeiro de tudo, use arpejos, você pode usar os arpejos 7b9 se quiser e tocar uma nota por acorde.

Nos exemplos, a seguir, mostrei apenas uma possível "rota" entre as mudanças, mas há centenas. Passe tempo consolidando essa parte e encontre quantos caminhos puder. Isso vai treinar os seus ouvidos e seus conhecimentos do braço.

Comece visando as notas guia (3ª e 7ª).

Exemplo 18c: (apenas 3ª).

Exemplo 18d: (apenas 7ª).

Exemplo 18e: (3ª e 7ª).

Quando você estiver confiante de que consegue tocar apenas 3ª, *apenas 7ª e qualquer combinação* de 3ª e 7ª, em ambas as oitavas, siga em frente para a nota alvo mais próxima disponível no arpejo seguinte.

Exemplo 18f:

Exemplo 18g:

Em seguida, toque duas notas por cada acorde e repita o processo.

Exemplo 18h: (notas guia).

Exemplo 18i: (nota mais próxima).

Agora, podemos adicionar uma nota de aproximação cromática um semitom abaixo de cada nota do arpejo:

Exemplo 18j:

Vamos trabalhar para tocar linhas em colcheias adicionando notas mais rápidas nos tempos dois e quatro.

Exemplo 18k:

O exemplo 18k, em particular, é um exercício vital para aprender a acertar as notas alvo mais rápido ou mesmo quaisquer alterações. Forçando-se a tocar os acordes e escalas corretos em um ritmo e a alcançar uma nota do arpejo sobre todas as mudanças de acordes, você está forçando-se a pensar e processar informações muito rapidamente e com precisão.

Velocidade *não* é problema ao começar a tentar esses exercícios, então deixe seu metrônomo em 40 bpm e veja por quanto tempo você consegue tocar ideias com base no exemplo 18k. A ideia é tocar notas alvo sobre os tempos um e três e preencher os tempos dois e quatro com notas em colcheia da escala correta ou notas de aproximação cromática.

Na verdade, se você dividir esse exercício em duas partes, uma onde você *apenas* toca as notas da escala sobre os tempos dois e quatro e outra onde você *só* toca padrões de notas de aproximação cromática nos tempos dois e quatro, você vai ter muito material a partir desse conceito simples.

Depois de um tempo, sinta-se livre para alterar os ritmos das notas que você toca nos tempos dois e quatro. Você pode usar tercinas ou semicolcheias.

Esse exercício irá consolidar o som das notas alvo nos seus ouvidos e permitirá que você trabalhe sob pressão, mesmo em andamentos rápidos.

A chave para esses exercícios é forçar-se a permanecer com o mesmo ritmo durante todo o processo.

Agora, vamos olhar algumas linhas que são construídas apenas em colcheias.

Exemplo 18l:

Exemplo 18m:

Exemplo 18n:

Como sempre, analise essas linhas para ver como eu fiz a colocação de cada nota do arpejo no tempo.

Invista seu tempo escrevendo suas próprias linhas rápidas em colcheias no I VI II V.

Capítulo Dezenove - Escalas Pentatônicas

Um livro sobre blues na guitarra não seria completo sem uma parte sobre o uso de escalas pentatônicas. Embora eu tenha afirmado na introdução que eu esperava de qualquer leitor deste livro um conhecimento mínimo sobre como usar a escala pentatônica menor, a maneira que a escala pentatônica é usada em um blues jazz, em oposição a um blues puro é bem diferente.

Por exemplo, muitos grandes músicos, tais como George Benson, fazem muito mais uso da escala pentatônica blues *maior* que da escala pentatônica menor. A pentatônica menor certamente é usada também, no entanto, uma grande parte do som do jazz vem da combinação da escala de blues maior com as aproximações de acordes que estudamos nesse livro.

Aqui está uma maneira de tocar a escala Pentatônica Maior de "B":

Exemplo 19a:

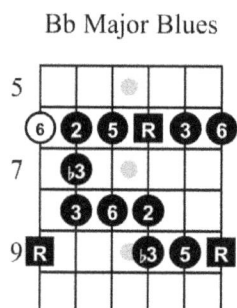

Bb Major Blues

Espero que você perceba que essa escala é idêntica a escala pentatônica menor de "G".

Eu a escrevi ligeiramente fora de posição em relação ao restante do livro, mas isso é proposital porque a maioria dos guitarristas estão muito mais confortáveis tocando a escala dessa forma.

Para começar, tente usar a escala de Blues Maior de "Bb" sobre a progressão de blues toda e toque frases baseadas em colcheias. Evite fazer bends e vibratos, o que é sinônimo do Estilo "Texas".

Aqui estão algumas linhas pentatônicas de jazz para você começar. Quando você estiver tocando isso, *pense* na pentatônica menor de "G":

Exemplo 19b:

Exemplo 19c:

Exemplo 19d:

O que você vai perceber experimentando é que a escala de Blues Maior de "Bb" tende a funcionar em algumas áreas do blues jazz melhor do que em outras. Posicionando as notas com inteligência (pense em focar nas notas do arpejo), você *pode* fazê-la funcionar em quase tudo, mas se tiver dificuldade, tente trocá-la pela Pentatônica Menor de "Bb", onde estiver encontrando problemas.

Você já deve saber que pode mover qualquer *lick* da escala de Blues Maior de "Bb" por três trastes e, instantaneamente, ele se tornará uma ideia de blues menor em "Bb". Isso pode ser uma grande oportunidade de se mover do Bb7 para o Eb7 no compasso dois ou cinco.

Exemplo 19e:

A tendência natural da maioria dos músicos é usar as escalas de blues maior e menor nos primeiros sete compassos do jazz blues e voltar para solar em notas do acorde sobre os últimos cinco. Essa é uma grande estratégia para começar e você definitivamente deve gastar tempo para explorar isso como um esquema de solo, no entanto, também é muito útil praticar o inverso.

Ao praticar muito o "blues" nos primeiros sete compassos e "jazz" nos cinco seguintes é fácil desenvolver um solo de blues jazz muito segmentado que não necessariamente seja completo como música.

Para combater isso, eu recomendo fortemente que você gaste tempo praticando as linhas em colcheias nos acordes de Bb7 e Eb7 e use as ideias da escala de blues nos últimos cinco compassos.

Ambas as abordagens começarão a se combinar naturalmente e você rapidamente se pegará tocando ideias baseadas em pentatônicas que também usam notas dos acordes para articularem as mudanças, onde quer que você esteja na progressão.

Para obter mais informações sobre abordagens pentatônicas em solos de blues, sugiro que você veja meus livros "O Guia Completo para Tocar Blues na Guitarra Livro Dois: Frases Melódicas" e o "Livro Três: Além das Pentatônicas", que estão ambos disponíveis na Amazon   e em Fundamental-Changes.com

Embora ambos os livros tenham sido escritos principalmente para o estilo de blues tradicional do "Texas", todos os fraseados e ideias conceituais podem facilmente serem adaptados para o jazz blues.

Perceba que a forma da escala que dei para a pentatônica de Blues Maior em "Bb" claramente não está na mesma posição do braço que todos os outros diagramas de escala neste livro. Isso porque a maioria dos guitarristas instantaneamente reconhece e toca bem esse formato. Se você deseja usar a escala de Blues Maior em "Bb" na mesma posição que todas as outras ideias neste livro, você pode usá-la desta forma:

Bb Major Blues

Capítulo Vinte: Exemplos de Solos de Jazz Blues

Os dois refrões seguintes são um solo improvisado, usando muitas das técnicas e abordagens deste livro. Você pode ouvi-lo no *exemplo 20a*:

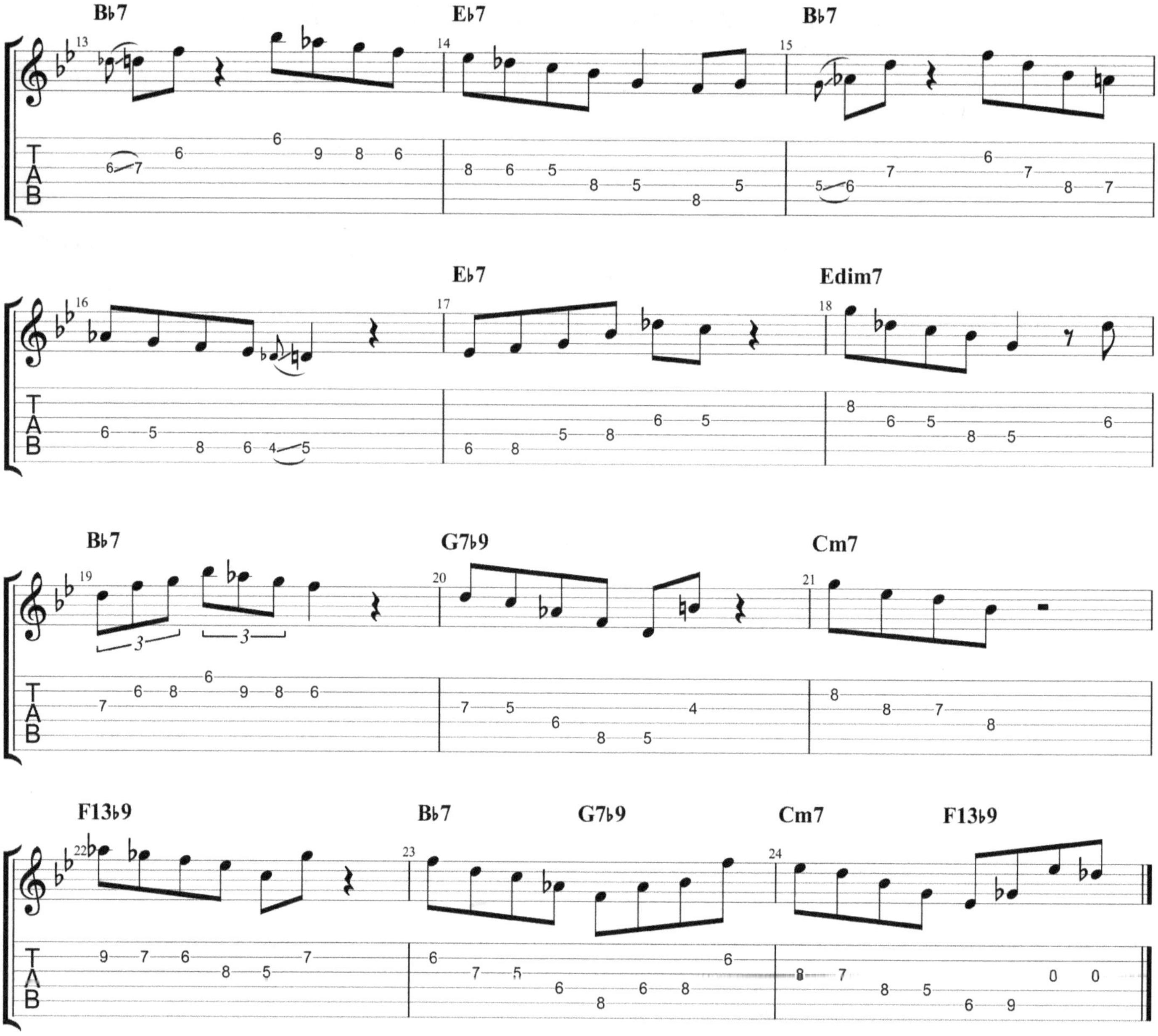
B♭7
E♭7
B♭7
E♭7
Edim7
B♭7
G7♭9
Cm7
F13♭9
B♭7
G7♭9
Cm7
F13♭9

Conclusões, Dicas Práticas e Estudos

Nesse livro, tentei abordar o máximo de ideias musicais e conceitos que pude. Há o suficiente aqui para permitir que você sole de forma eficiente e articulada ao longo de um jazz blues. Espero que agora você possa ver a abordagem diferente que um músico de jazz tem em relação a um blues e comece a incorporar essas ideias em sua forma de tocar.

A chave do sucesso é sempre praticar de forma metódica e focada. Eu recomendo que você sempre trabalhe em dois ou três conceitos simultaneamente. Pratique cada um deles de forma focada por vinte minutos e tire dez minutos de pausa (saia da sala, ande pela casa) e, em seguida, concentre-se em uma parte completamente diferente do blues. Minha sessão de prática típica é assim:

20 minutos: Treinar nas quatro cordas agudas com um metrônomo a 40 bpm. Aumentar a velocidade se estiver fluindo.

10 minutos de intervalo: Sair da sala, ver a família, beber água.

20 minutos: Exercícios em semínima sobre um I VI II V em 50 bpm.

10 minutos: Alongamentos.

20 minutos: Escrever linhas na escala de Blues Maior de "Bb" para o acorde de Bb7 a 90 bpm.

O importante é tirar a sua pausa *longe da guitarra e da sala onde você pratica*. Mantenha um diário de sua prática e gaste um minuto, após a sua sessão de treinos, para escrever o que você conseguiu realizar e onde você vai começar amanhã.

Outro ponto importante é que, mesmo se você não estiver muito satisfeito com a sua sessão de treinos de 20 minutos: pare. Faça uma pausa e retorne novamente amanhã. Você ficará surpreso com o quanto é processado inconscientemente em seus intervalos. *Fique longe do* computador! Sem Facebook, e-mails ou Twitter, por favor. Desligue o telefone quando você estiver praticando também!

Treine com ambas as faixas de apoio *e* só com o metrônomo. Quando estiver trabalhando apenas com um clique, você deve ser capaz de ouvir as mudanças de acordes sendo insinuadas por sua linha melódica. Tente tocar a progressão de blues inteira só com um clique e veja se você consegue ouvir as mudanças.

Embora eu tenha tentado comprimir o máximo de informação possível neste livro (12 compassos de música para 104 páginas!), sinto que há algumas áreas que poderiam ser ampliadas. As duas mais importantes são os acordes e substituições de arpejos e os fraseados de jazz.

Ambos os conceitos podem dar um livro, por isso entre em contato se tiver interesse em vê-los escritos.

Tenho planos futuros para um livro dedicado ao I VI II V e a maioria das substituições de arpejos importantes serão abordadas nele. Espero que ele seja lançado em 2014.

Uma nota final: A melhor coisa que você pode fazer a fim de compreender como os conceitos neste livro são aplicados musicalmente é transcrever e analisar solos dos grandes músicos de jazz. Ouça seus artistas favoritos e treine as ideias deles. Analise-as, antes de incorporá-las em sua forma de tocar.

Boa sorte! Joseph